Cette rage
dans mon cœur

RACHEL KEKE
Avec la collaboration de Bessora

Cette rage dans mon cœur

Les combats d'une députée pas comme les autres

Préface de Jean-Luc Mélenchon

Michel LAFON

118, avenue Achille-Peretti – CS 70024
92521 Neuilly-sur-Seine Cedex
www.michel-lafon.com

À mes sœurs et frères de lutte

La vie est faite de luttes
et la lutte paie toujours.
Unissons-nous !

Préface

J'en étais certain. Après avoir lu ce livre pour rédiger ces lignes, je déclare : ce livre n'a pas besoin de ma préface. Savez-vous à quoi sert une préface d'habitude ? Elle fait démarrer le train. Ou la fusée ou l'avion ou la barque ou le bateau. On ne sait pas toujours à l'avance dans quoi l'on monte. Puis commence le voyage au long cours, d'une page à l'autre. Il vous porte jusqu'à la dernière ligne, terminus du trajet. Vient ensuite pour le lecteur le temps de la diffusion longue du récit dans tous les recoins de son esprit, de sa transformation en imprégnations de toutes sortes dans la manière de penser, de regarder, de recevoir ensuite de nouveau d'autres impressions, d'autres livres. Lire transforme l'esprit qui absorbe la lecture. C'est un effet plus ou moins fort. Ici, je préfère prévenir : vous ne sortirez pas indemne de cette lecture. Vous ne serez pas la même personne après avoir lu Rachel. Les petits, les flous, les hésitants, les apeurés deviennent grands, forts, clairs. Ils se lèvent et se mettent à marcher d'un bon pas ferme. Finalement je décrirai plutôt une préface comme un apéritif. Ici il n'y en a pas besoin. La première ligne vous attrape la main et vous mène jusqu'à la dernière, au pas de course. Si vous avez eu le bonheur de croiser Rachel Keke, vous entendez aussi sa voix en découvrant ses phrases. Rachel parle comme une chanson. Elle porte un rythme. Le début de la phrase ose, la deuxième partie suggère la conclusion. Rachel a inventé un signe entre le point d'interrogation et le point d'exclamation. Sa manière d'être dans la vraie vie est aussi dans ce style. C'est une déclamation. Il y a deux tons de Rachel. D'abord elle parle. Ses phrases comportent toujours une pause au milieu. Je pense que c'est par respect. Elle n'assène pas. Puis Rachel proclame. Toute sa voix monte dans son corps. Je dirai qu'elle parle fort. Mais sans crier. « Savez-vous ce que c'est de vivre avec 800 euros ? Je n'ai pas dit, par jour ! Je dis, par mois ! » lance-t-elle dans l'hémicycle de l'Assemblée nationale. La voix est restée au même niveau de force, les mots clairement articulés, les points et les virgules parfaitement audibles. Aussitôt les vociférateurs en face, sur les bancs de l'extrême droite et de l'extrême hypocrisie des gouvernementaux, se dispersent en clameurs confuses, cris et hurlements, comme fétus de paille au vent. Ils s'étouffent dans le venin qu'ils voudraient cracher. Les mots de Rachel sont des tourbillons, ils dispersent les cris de haine. La vidéo de l'Assemblée montre Rachel dans ce moment où elle semble être une statue géante dans les bancs des députés. On nous en parlera au Mexique, au Congo, loin au loin et même très loin. Son nom y est devenu emblématique de cette France digne et forte, comme une Marianne de bronze en face des parvenus, privilégiés, contents d'eux-mêmes qui partout croient pouvoir mépriser le peuple après l'avoir d'abord exploité et maltraité. Rachel les a terrassés en vingt et un mots. Rachel, orgueil des Insoumis, bannière des humiliés, figure de proue de la volonté de dignité qui met en rébellion des cœurs justes.

Rachel donne son visage à l'élan qui l'anime. Alors son livre vous dit ce que le mot « Insoumis » désigne. C'est-à-dire davantage qu'une étiquette politique. Insoumis, c'est refuser de mourir, comme elle le disait devant l'adversité qui l'accablait dans sa première vie de sans-papiers en France. « Mourir » veut dire être effacé du monde en étant fondu dans un décor peint par d'autres et n'y rien pouvoir. L'insoumission est donc davantage que le refus d'une loi injuste ou d'une discrimination. Le mot désigne le pouvoir de devenir humain. On le devient en se rendant maître de ses choix de vie contre ce qui semble d'abord être une fatalité, un sort imposé, un destin obligé. Les oiseaux n'ont aucun mérite à voler. Mais Blériot fait davantage que traverser la Manche, un exploit déjà accompli avant lui par des milliers de mouettes au fil des générations. Il n'y a pas de mérite ni à naître ni à mourir. Mais c'est une autre chose s'il s'agit de vivre. Survivre n'est pas un projet de vie, m'a dit un jour un immigré argentin. Faire sa vie, ce n'est pas la subir sans y penser.

Rachel dit que sa vie ne fut pas à sa main tant que n'avait pas germé dans son cœur cette graine de colère qui s'y manifesta un jour. Elle la mena, d'un choix à l'autre, du bourgeon à la fleur. D'abord à puiser l'eau à la rivière et tresser des cheveux sur le pas de sa porte, jusqu'à hier au syndicalisme, et de là jusqu'à l'Assemblée nationale française. Vivre, alors, est une œuvre dont on est soi-même l'auteur. « Si nous ne t'avons fait ni céleste ni terrestre, ni mortel ni immortel, c'est pour que, doté pour ainsi dire du pouvoir d'arbitrer et de l'honneur de pouvoir te modeler et te façonner toi-même, tu te donnes la forme qui aura eu ta préférence. » Ainsi parlent les dieux de l'Olympe aux êtres humains du début des temps, si l'on en croit les premiers humanistes. Rachel en parle mieux, et ses mots sans prétention touchent juste, l'un après l'autre, jusqu'à la racine de soi. Rachel raconte sa vie. Attention, ce n'est pas un CV. Le récit vaut surtout par les refus qu'il porte et les joies simples qu'il affiche. Résumons le fil conducteur : l'insoumission transforme la vie qu'elle implique. Rachel ne cède pas. Rachel se relève toujours. Rachel fait face. Sans s'en vanter, sans chercher l'admiration. Les gens qui passent par son chemin n'éprouvent plus ni le besoin de se plaindre, ni celui d'étaler les tragédies que leurs vies ont contenues. Ce qui compte, c'est qui l'on est ensuite. Rachel a juste besoin d'être là pour être un porte-drapeau. Sous la lumière qu'elle reçoit, elle sort tout un monde de l'invisible. Alors ce monde-là se met à vivre au grand soleil comme s'il y avait toujours été. Et je crois qu'il va y rester.

Ce jour-là, Rachel va poser une question à un ministre à l'occasion de la séance des questions d'actualité, feuilleton hebdomadaire de la vie au Parlement. Comme elle est grande et belle ! Elle pose une question sociale à un ministre rabougri dont personne ne retiendra le nom. J'ai pensé aux milliers de petites filles et petits garçons de ce pays qui l'ont vue à l'Assemblée nationale ! Aussitôt il importe d'écouter une femme quand elle parle, puisque c'est ce qui se passe à l'Assemblée nationale (son micro est directionnel et on n'entend donc pas les vociférations des gouvernementaux). Aussitôt il va de soi qu'une femme noire venue des quartiers a le droit d'interpeller un ministre blanc riche et méprisant comme le sont la plupart des gouvernementaux. Aussitôt il est évident de parler de la pauvreté pour dire qu'elle n'est ni normale ni acceptable. Aussitôt les petites et les petits vont dire : « Quand je serai grand, je veux être Rachel Keke. » Des hommes et des femmes encore enfants savent qu'il faut être Rachel Keke pour être remarquable. Et vous qui allez la lire, demandez-vous : peut-on être vraiment un homme ou une femme sans essayer d'être Rachel Keke ?

Jean-Luc Mélenchon

1

Vol de nuit

C'est un vol de nuit. Je n'ai jamais pris l'avion de ma vie.

Je suis installée côté hublot et je baisse le store tant j'ai peur de ce qui se passe de l'autre côté : le vide ! Nous autres humains sommes capables de nous adapter à toutes les situations, nous avons inventé la roue pour nous déplacer plus vite sur terre, le bateau pour conquérir la mer ou découvrir de nouveaux mondes, mais l'avion… drôle d'invention.

Longtemps, j'ai fait partie des milliards de personnes qui ne l'avaient jamais pris, qui ne l'avaient jamais envisagé. Rien n'est moins naturel qu'être suspendu dans les airs, entre ciel et terre, dans un joli tas de ferraille qui se prend pour un oiseau.

Enfoncée dans mon siège avec mon fils Patrick dans le ventre, je me pose un tas de questions. Pourquoi l'avion ne tombe-t-il pas ? Comment peut-il y avoir des trous dans les airs ? Comment faire marche arrière en cas de besoin, alors qu'il n'y a pas de rétroviseurs ? Bref, qu'est-ce que je fais là-haut, à dix mille mètres d'altitude, soit dix kilomètres ? Suis-je bien à ma place ?

À cette époque, mon rôle sur terre, enfin celui que je m'apprête à endosser, c'est d'être une coiffeuse ivoirienne et sans papiers à Château-Rouge, un quartier très mélangé de Paris. Je n'imagine pas une seule seconde le destin qui m'attend. Être la porte-parole des femmes de chambre en grève ? Députée de la République ? Je n'ai aucune idée de tout cela. Vous me demanderiez ce qu'est une assemblée nationale que j'aurais du mal à vous répondre. Tout ce que je sais alors de la France, c'est qu'on y trouve un aéroport dénommé Charles-de-Gaulle où je suis censée atterrir dans quelques heures, et un salon de coiffure que je suis censée rejoindre avec tonton Patrice après mon arrivée.

Tremblante de peur dans l'avion (je crois que c'est un Boeing), je tremble aussi de froid. Je l'ignorais, mais l'air est sec et glacé dans les avions, ils mettent la climatisation à fond. Seulement, comme j'ai embarqué à Abidjan, où il faisait 28 °C, je suis vêtue d'une simple robe d'été, 100 % viscose, et de ballerines achetées au marché d'Adjamé. Autant dire qu'elles sont très ouvertes et qu'elles ne sont pas en cuir. Congelée je suis. Une fine couverture grise est mise à disposition des passagers par les hôtesses, mais elle ne suffit pas à me réchauffer. Les yeux grands ouverts, je soulève de temps en temps le store du hublot, un tout petit peu, un centimètre, deux centimètres, allez… cinq centimètres… Mais rien ne se passe en bas, ni en haut d'ailleurs. En revanche, une lumière rouge clignote au bout de l'aile de l'avion. Est-ce que c'est normal ? Et quand mon oreille s'appuie contre la paroi, j'entends comme un bruit de moteur en panne. Est-ce que je dois prévenir les hôtesses ?

Elles ont disparu derrière un rideau tiré. Personne à bord ne semble remarquer la lumière rouge ni s'inquiéter du ronronnement bizarre du moteur. Est-ce que je dois réveiller tout l'avion pour les alerter de cette anomalie ? Je n'ose pas. J'attends seulement en grelottant. Voilà, je vais peut-être mourir dans un crash aérien sans même pouvoir tenter de m'échapper. Fuir pour aller où ? En première classe ?

Rien ne se passant de l'autre côté du hublot, je finis par le refermer sur la nuit et les heures qui coulent avec une lenteur exaspérante. Nuit infernale, je ne dors pas, c'est la nuit la plus longue de toute mon existence. Jusqu'à ce que les hôtesses réapparaissent pour servir aux passagers du thé, du café et des croissants mal décongelés. Je ne bois rien, je ne mange rien, mon estomac est noué. Et tout à coup le commandant de bord annonce :

– *Mesdames et messieurs, ici votre commandant de bord. Nous entamons notre descente vers l'aéroport Charles-de-Gaulle où nous atterrirons à 6 h 52, avec huit minutes d'avance sur l'horaire prévu. Les vents nous sont favorables ! Le temps à destination est actuellement clair, la température est d'environ 21 °C. Nous vous demandons de bien vouloir attacher vos ceintures, et de replier vos tablettes. Veuillez également remettre vos sièges en position verticale. Nous vous remercions d'avoir choisi Air France, et espérons vous revoir bientôt sur notre compagnie.*

La voix calme du commandant me rassure, je trouve le courage de remonter mon store, cette fois de huit bons centimètres. Et je découvre un spectacle extraordinaire : il fait jour, l'avion vole paisiblement entre le ciel bleu et des nuages scintillants. Comme un véritable oiseau. Nous traversons les nuages et je découvre leur consistance de brume, parfois de fumée. Sous les nuages, une miniature de France apparaît : des champs verts, jaunes, carrés ou rectangulaires, qui sont peut-être recouverts de maïs ou de blé, un cours d'eau qui serpente dans une vallée, je crois qu'il s'agit de la Seine, des réseaux routiers, entremêlés. Je ne sais pas que je survole la région parisienne, ses autoroutes, son périphérique, ses nationales…

Des pavillons proprement alignés dans des zones résidentielles grossissent à mesure qu'on se rapproche du sol, jusqu'à la dernière secousse, quand les roues de l'avion touchent le tarmac.

J'ai presque envie de pleurer.

Enfin la terre ferme ! Quel soulagement ! J'ai retrouvé mon élément naturel.

J'ai vingt-six ans ce 18 juin 2000 et je débarque à Paris soixante ans tout rond après l'appel du général de Gaulle, celui qui a donné son nom à l'aéroport où je débarque.

« Quoi qu'il arrive, la flamme de la résistance française ne doit pas s'éteindre et ne s'éteindra pas… », entendait-on alors sur les ondes.

Tonton Patrice et son amie m'attendent à l'aéroport, confiants et souriants.

Mais comment vais-je pouvoir m'installer comme coiffeuse professionnelle alors que je n'ai qu'un visa touristique ? Voilà une question difficile, plus épineuse que celle des trous d'air et des turbulences…

2

Ils sont venus les chercher

Près de soixante ans avant que je descende de l'avion, un homme débarque par bateau dans le port d'Abidjan, en Côte d'Ivoire, Afrique-Occidentale française. Il revient de Pau, France, où la guerre fait rage. En effet, suite à l'appel du général de Gaulle du 18 juin, Papy sert dans l'armée française. Il ne sert pas en tant que citoyen, mais en tant qu'indigène. En permission, Papy est provisoirement de retour. Nous sommes le 2 février 1942, la guerre n'est pas finie, elle se poursuivra encore trois longues années. Papy le sait, sa permission ne durera pas. Alors il en profite au maximum. Et il conçoit sa première fille, Clémentine.

L'histoire de mon grand-père m'est en partie transmise par elle.

Les souvenirs de Clémentine s'émoussent parce qu'elle a quatre-vingts ans, mais elle peut me raconter : *ils sont venus le chercher*.

Okobe Komenan Marc Armand, alias Papy, n'avait pas vocation à devenir un tirailleur sénégalais. D'abord, il n'est pas sénégalais. Né à Tiégba, en 1915, sous-préfecture de Guitri, dans le département de Divo, en Côte d'Ivoire, il n'est pas non plus ivoirien, car il n'est pas question de citoyenneté du temps de sa naissance.

Papy est un indigène de l'Afrique-Occidentale française qui compte huit colonies étendues sur une superficie grande comme sept France. Sept France ? Vous visualisez un peu ? On n'imagine pas à l'époque que la colonisation va se finir, et que d'anciens colonisés prendront le chemin de la France : un tout petit nombre des anciens colonisés se lanceront dans l'aventure migratoire après la guerre. Ensuite, après le choc pétrolier de 1974, ils viendront construire les routes, bâtir les maisons, élever les enfants et vider les poubelles. Balayer les trottoirs, nettoyer les bureaux ou faire diplomate… On les verra peu dans les hôpitaux. L'hôpital, ce sera pour les gens d'outre-mer.

Papy appartient au peuple Dida, issu des Krou, qui compte environ un million de personnes aujourd'hui. Ils vivent au Liberia, en Sierra Leone et en Côte d'Ivoire. Les Krou sont originaires de la vallée du Nil, dont ils sont descendus vers le sud autour du XIe siècle. À ma connaissance, ils ne sont pas passés par le Sénégal. Vous vous demandez sans doute comment ils sont devenus des tirailleurs sénégalais alors qu'ils n'avaient rien à voir avec le Sénégal. Pour résumer, c'est parce que Louis Faidherbe, un administrateur colonial du Sénégal, a décidé un jour que tous les Noirs étaient des Sénégalais.

En ce temps-là, le corps d'armée des tirailleurs sénégalais s'appelle aussi Force noire ou Armée noire et a été créé en 1857. Il a compté plusieurs dizaines de régiments, mais je ne pourrai pas vous dire quel est celui de Papy. Malheureusement, cette mémoire a tendance à s'effacer avec le temps parce qu'elle n'est glorieuse pour personne. En tout cas, le corps des tirailleurs sénégalais a été dissous au début des années 1960, peu après la dissolution de l'Afrique-Occidentale française. C'est à cette époque que les anciennes colonies sont devenues plus ou moins indépendantes. Le Soudan français est devenu le Mali, la Haute-Volta est devenue le Burkina Faso, le Dahomey est devenu le Bénin et les Colonies françaises d'Afrique (CFA) sont devenues la Communauté française d'Afrique (CFA). Le CFA est une monnaie qui a toujours cours aujourd'hui.

Okobe Komenan Marc Armand, alias Papy, a été enrôlé dans le corps des tirailleurs sénégalais à la fin des années 1930. Il arrive à Bordeaux après vingt et un jours de bateau, revient brièvement en 1942 – sa permission –, puis repart sur le front où sont engagés 140 000 Africains pas toujours volontaires.

En effet, après la capitulation de Paris en 1940, nombreux sont les garçons qui prennent la fuite ou qui se cachent dans leur village pour ne pas être entraînés dans cette guerre, à six mille kilomètres de chez eux, sur un territoire qu'ils ne connaissent qu'au travers de la propagande coloniale : la France est le plus beau et le plus grand pays du monde. Pour autant, tous les indigènes ne sont pas prêts à se sacrifier pour défendre cette idée.

Comme beaucoup de jeunes de son âge, Papy n'a alors pas d'autres aspirations que rester auprès de son palmier à huile. Planter paisiblement du café, du cacao, des bananes dans la région de Tiégba, où sa famille dispose de nombreux hectares de terre. C'est ce qu'il devrait faire. En quelque sorte, c'est sa légende personnelle. Mais, avec quelques garçons de sa génération, il se retrouve dans un bureau de recrutement, où il est immatriculé malgré lui avant d'embarquer sur un bateau en partance pour la France.

À vingt-cinq ans, jamais il n'a quitté son village, mis les pieds à Abidjan ni été sur un bateau pour autre chose que des parties de pêche. Et voilà qu'il remonte l'océan Atlantique jusqu'à Bordeaux, puis roule vers Paris, pour une raison que tante Clémentine n'a pas su m'expliquer, et redescend ensuite à Pau.

Quand je pense aux embarcations qui partiront clandestinement des années après, quand je pense aux cadavres qui tapissent le fond de la Méditerranée… j'en suis malade.

Inimaginable.

Arrivé sain et sauf sur une terre qu'il croit sienne, et à laquelle il donne son sang, Papy attendra toute sa vie quelque chose en retour. Des promesses, paraît-il, n'ont pas été tenues.

Au moins est-il revenu à Abidjan après l'armistice, vivant, avec ses deux bras, ses deux jambes et toute sa tête. Pas la moindre blessure. Quelle joie pour sa famille de retrouver un fils indemne, quand d'autres parents pleurent leurs enfants tombés sur les champs de bataille. D'autres fois, ils n'ont simplement pas de nouvelles. Ils ne sauront jamais ce qui est arrivé à leurs rejetons, dont les corps en charpie ne sont pas rapatriés.

Soldats inconnus.

La guerre a transformé Papy. À sa sœur, il a raconté : « Les Allemands étaient tellement méchants… Quand les Allemands tiraient, par exemple, sur quelqu'un, et que ce quelqu'un tombait à terre, s'il bougeait ne serait-ce que le petit doigt… ils venaient, t'exterminaient, quoi. Toi, tu croyais que comme ton doigt bougeait, on allait te sauver, non ? Non, non, non. Les Allemands ne rigolaient pas. »

Traumatisé, il raconte ses aventures pendant des années : cet Allemand qui portait une grosse bague, et qui l'avait giflé sur l'œil gauche. De là vient la cicatrice qui lui barre le visage.

Il ne sera plus jamais le jeune homme insouciant parti quelques années auparavant la fleur au fusil et des illusions plein la tête. Le fusil, il l'a rangé, et ses illusions ont changé de nature : il se prend pour un Français.

Il croit qu'il n'est plus indigène, il pense que Noirs et Blancs sont égaux. C'est ce qu'il a vécu au front. Quand il s'agit de sauver sa peau et qu'on se bat pour un idéal, les différences s'effacent. Plus de ségrégation sous la mitraille, même si les états-majors, eux, n'oublient jamais de vous séparer : les tirailleurs sénégalais et autres régiments de couleur ne doivent pas ternir l'armée régulière.

Mais l'indigénat persiste malgré les promesses. C'est une justice particulière qui ne s'applique qu'aux colonisés, en dehors des règles communes.

À sa femme, il raconte qu'il sera indemnisé, que la France reconnaîtra ses actes de bravoure. Il ignore comment se constitue, en France, l'Assemblée nationale d'après-guerre. Constituante, elle sépare deux collèges électoraux : les citoyens et les non-citoyens. Les derniers sont les gens des territoires d'outre-mer. Ils n'ont pas tous le droit de vote. Ancien militaire, Papy est censé faire partie des 1 % autorisés à voter. La chose a-t-elle été possible ?

Les promesses, dit-on, n'engagent que ceux qui y croient. Papy y croit, dur comme fer ! Persuadé d'être un héros, il ne s'habille plus qu'en blanc, tel le chevalier blanc qu'il se veut être, celui qui a permis à la IVe République d'advenir.

Mes souvenirs sont flous et confus, je l'ai à peine connu, Papy. Je reste marquée par le soin qu'il portait à ses cheveux. Il se peignait souvent pour ajuster la raie qu'il s'était faite sur le côté gauche. J'imagine qu'il a découvert les vertus de la raie – côté gauche – en France. Il aimait se faire beau. Toujours de blanc vêtu, donc, il en avait fini avec les autres couleurs. Toutes avaient disparu de sa garde-robe. Tante Clémentine s'en souvient encore. Costumes, culottes, chaussettes, soulier, tout blanc ! Personne ne sait pourquoi. Personne n'a jamais pensé à lui poser la question. On ne savait pas, on ne réalisait pas à quel point son témoignage était important.

Il pouvait pourtant être loquace, Papy. Il nous a raconté comme les femmes françaises étaient courageuses : leurs hommes partis à la guerre, elles faisaient tout. Il les admirait tant qu'il a eu quelques aventures avec elles.

Des amourettes. L'une de ses amantes s'appelait Clémentine. Elle l'a assez marqué pour qu'il donne son prénom à sa première fille, conçue lors de sa permission. Clémentine est la première de ses sept enfants. Elle vit aujourd'hui à Toulouse. Après elle, sont nés Charles Komenan, mon père, Jeannette, Simonne, Jeanne, Adrienne et Janvier.

Papy n'a pas eu d'enfants en France.

Juste des amoureuses.

Peut-être étaient-elles séduites par ses habits blancs ?

Tous les 14 juillet, il arborait sa tenue militaire. Et il disait : « Voilà, la fête de la France, c'est notre fête. »

3

Une enfance ivoirienne

Né trois ans après la Grande Guerre, en 1948, Charles Komenan Keke est mon père. Il porte le même prénom que le général, ce n'est peut-être pas un hasard. Je ne sais pas grand-chose de son enfance, alors faisons un bond dans le temps, jusqu'au début des années 1980. Nous voilà à Abobo, où il est conducteur de bus pour la Sotra, Société des transports abidjanais. Elle le paye un salaire de misère : 100 000 francs CFA par mois, c'est-à-dire 150 euros. Papa rêve quand même de construire une maison bien à lui, où réunir ses enfants, nombreux, et sa femme, Eulalie, ma mère.

L'enfance de maman m'est également peu connue, mais je sais qu'elle voit le jour à Balahio, pays Bété, en 1955. J'imagine qu'elle apprend la couture dans son enfance parce que, à l'âge adulte, elle est au sommet de cet art. Peut-être vend-elle déjà ses créations quand elle a dix ou douze ans : chacun, à l'époque, contribue à la subsistance du village. Aider aux champs, entretenir la maison, nettoyer la cour, prendre soin des frères, des sœurs, des cousins et des anciens, c'est le lot des filles et, dans une moindre mesure, des garçons.

Comme moi, maman a dû apprendre à cuisiner très tôt. J'aime à penser qu'elle m'a transmis ce que lui a enseigné sa mère, et la mère de celle-ci avant elle, et ainsi de suite jusqu'à il y a très longtemps. Comme si nos anciens se prolongeaient en nous. J'ai bien connu ma grand-mère. Je l'ai beaucoup fatiguée, c'est-à-dire que je l'ai gentiment embêtée. J'ai moins connu mon grand-père. Et je perdrai maman très jeune.

Maman a peut-être quinze ans quand elle rencontre son Charles. Ils ne sont pas du même village mais ils emménagent ensemble. Panel, leur premier fils, arrive très vite. Maman n'a pas seize ans qu'elle devient mère.

Mais revenons en 1981, la France célèbre l'élection de François Mitterrand dont, jusqu'en Afrique, on attend beaucoup. En Côte d'Ivoire, on attend aussi beaucoup du septième art : Jean-Louis Koula, réalisateur et scénariste, sort *Adja Tio : À cause de l'héritage*. Fadika Kramo-Lanciné reçoit quant à lui de nombreux prix pour *Djeli*. Mais nous n'allons pas au cinéma.

En ce début des années 1980, la Côte d'Ivoire est présidée par le vieil Houphouët-Boigny depuis une vingtaine d'années. Je suis trop petite pour me poser des questions sociales ou politiques. À sept ans, je ne sais pas ce que signifie « parti unique ». La situation dans laquelle je vis me paraît normale, à tous égards, je ne m'étonne pas de nos conditions d'existence.

Normal de vivre dans un quartier pauvre d'Abidjan, Abobo. En ce temps-là, nous habitons tous sous le même toit. C'est une petite maison en dur, deux pièces, une chambre et un salon. Papa et maman dorment dans la chambre, et les enfants dorment sur des nattes dans le salon, avec les cousins qui sont présents la plupart du temps. Les douches et les toilettes sont collectives, nous les partageons avec les autres habitants de la cour commune.

Six grossesses suivent la première de maman. Entre-temps, papa et maman se marient, juste après ma naissance, et la famille s'agrandira encore avec les enfants nés d'autres femmes. C'est ainsi que maman accueille Rodrigue, mon grand frère, pendant les vacances. Pour faire bouillir la marmite, elle confectionne et vend les vêtements qu'elle coud. Elle s'est spécialisée dans l'habit pour nouveau-né.

Le matin, elle part au marché de bonne heure et y achète des tissus avant de revenir à la maison. Elle s'installe à sa machine à coudre et, tout à son talent et à sa créativité, elle confectionne diverses pièces. Le lendemain, elle repart au marché d'Adjamé pour vendre ses vêtements.

Adjamé est le plus grand marché d'Abidjan, réputé dans tout le pays, et même au-delà. D'aucuns disent qu'il est le plus grand marché d'Afrique. Si un jour vous passez par Abidjan, ne manquez pas de le visiter. Ses rues étroites sont comme des tentacules où l'on trouve tout ce qu'on peut chercher, notamment en matière de tissus. Du pagne tissé au bazin et au wax, il y en a pour tous les goûts. Dans les années 1980, maman y est commerçante. Le soir, comme les autres elle plie boutique et s'engouffre dans les rues adjacentes pour attraper le minibus.

Ce gbaka, c'est son nom, comporte dix-huit places mais charge facilement le double de personnes, et il fonctionne très bien malgré sa vétusté. C'est qu'il est de marque allemande ou japonaise. Solide…

Le chauffeur est assisté d'un rabatteur qui se charge d'embarquer les clients. Il reste accroché à la portière arrière pendant que le car circule et attire les clients à grand renfort de gesticulations. On ne se sent pas très en sécurité dans ces vieux tacots mais il n'existe pas d'autres moyens de transport entre Abidjan et Abobo. Sans compter qu'il est très économique. Évidemment, il faut franchir les bouchons monstres d'Abidjan, avec des gens qui conduisent n'importe comment. En général, on y arrive sans trop d'encombre. Abidjan-Abobo : une heure de secousses à la vitesse d'une tortue.

Les deux salaires de papa et maman suffisent tout juste à nous nourrir, mais après la mort de maman… ce sera une autre histoire. Papa rêve d'un chez-nous qu'il veut bâtir, ça l'aide à rester debout. C'est un rêve silencieux, car papa parle peu, il cultive ses airs de philosophe. Il n'aime pas le bavardage, et fuit les palabres.

Moi, je vais à l'école sans idées préconçues à propos de mon avenir. Maman, elle, compte beaucoup sur l'école pour faire de moi quelqu'un qui ne connaîtrait plus la faim. Et, accessoirement, quelqu'un qui serait riche, mais riche de son instruction. Mon école, Saint-Jean-Baptiste d'Abobo, se trouve à vingt minutes de la maison, à côté de l'église du même nom.

Chaque classe compte une quarantaine d'enfants, assis par trois sur des bancs d'écolier, face à des pupitres à l'ancienne : en bois, ils disposent d'un emplacement réservé aux encriers. Les générations précédentes écrivaient à la plume. L'encrier était posé dans son support, les écoliers y trempaient leur plume et traçaient de belles lettres noires sur leurs cahiers. C'était dans l'ancien temps, peut-être celui de mes parents.

Moi, j'utilise un stylo Bic, et je m'applique. Malgré la chaleur écrasante. Pas de ventilateur mais des nacots ouverts sur l'extérieur. De temps en temps, la brise les traverse et vient nous rafraîchir.

Quand la cloche sonne midi, retour à la maison car il n'y a pas de cantine scolaire, ça n'existe pas, même dans mon imagination. La plupart du temps, papa et maman ne sont pas là, ils travaillent.

13 h 30, je repars à l'école l'estomac à demi plein. Vingt minutes plus tard, je retrouve mon banc que je ne quitte plus jusqu'à 16 heures. Je rentre à la maison en toute fin d'après-midi. Maman est là.

Aux fourneaux !

Sauce graine préparée avec le fruit rouge du palmier à huile, poisson sauce claire, à base d'une amande qu'on appelle l'akpi, foutou banane qui marie le plantain au manioc, alloco qui accompagne viandes ou poissons en sauce, purée d'aubergines et kedjenou de poulet… maman m'apprend à cuisiner tout ce qu'on peut composer avec les produits du marché !

Papa n'est pas un grand amateur de riz ; il préfère le foutou, que je pile dans la cour avec maman et les autres femmes du quartier. Le placali sauce gombo ravit aussi nos papilles. Toute la famille raffole de la texture gluante de ce légume vert en forme de capsule allongée. Dans certains pays, on l'appelle *lady finger* parce que sa forme évoque les doigts d'une dame.

Une fois le repas préparé, maman commence par servir papa, puis les garçons, qui mangent à part, les filles, séparées des garçons, et enfin elle remplit l'assiette de sa belle-sœur et la sienne. Les deux femmes mangent ensemble.

Fille aînée de ma mère, je participe aux corvées ménagères dès les premières heures du jour. Quand je me lève le matin, ce n'est pas pour me préparer à aller à l'école, c'est pour m'occuper du linge, sans machine à laver, nettoyer la vaisselle, prendre soin de mes petits frères et sœurs. Au moment de partir à l'école, je suis déjà épuisée.

En fin d'après-midi, de retour de l'école, maman m'intègre dans tout ce qu'elle entreprend : la cuisine, mais aussi tenir une maison, coudre… Elle s'évertue à me transmettre tout ce que sa propre mère lui a enseigné, et elle le fait dans l'urgence, comme si elle savait qu'elle n'aurait pas le temps.

Elle devait sentir qu'elle allait partir.

Trop tôt.

Ranger la maison, être propre, se nourrir et ne jamais se décourager, de rien, maman m'apprend tout. Le problème, c'est que j'aime danser. Elle n'apprécie pas : ça me distrait de mes devoirs d'écolière et de ménagère. Sitôt qu'un nouveau tube est sorti, je file en cachette dans des bars où je retrouve mes copines. Et on danse, et on danse, on danse tellement que ça fait jaser. Le quartier est petit, tout le monde connaît tout le monde, alors il y a toujours quelqu'un pour aller me dénoncer :

– Eulalie ! Dis donc ! Mais ta fille est là-bas en train de danser !

Illico, maman vient me récupérer, devant tout le monde elle m'attrape par la main et me ramène à la maison. Parce que si tu ne travailles pas à l'école et si tu ne vas pas à l'église, tu ne manges pas, hein ! Papa et maman ne m'ont pas baptisée et confirmée pour que j'aille traîner dans les bars… Furieuse, parfois maman me donne une ou deux baffes. Ah ça non, elle n'aime pas que je danse.

– Concentre-toi sur tes études ! Tout ça, là !

Mais moi, j'aime tellement danser. Pour la contenter, je jure que je n'irai plus, et je tiens ma promesse, mais à moitié.

Disons que j'y vais moins.

Docile, j'aide maman, et quand elle pile le foutou pour papa, je couds les vêtements pour bébé, qu'elle ira vendre le lendemain au marché d'Adjamé.

4

Vie et mort d'Eulalie

Pendant que je me dépêtre dans une enfance pauvre mais solidaire, la basilique de Yamoussoukro se construit.

D'assez loin, on entend parler du grand projet de Houphouët-Boigny, qui s'érige dans la capitale économique de la Côte d'Ivoire. C'est une espèce de réplique de la basilique Saint-Pierre de Rome…

Le vieux Président, qui est aussi notre premier président de la République après la colonisation, peut bien faire ce qu'il veut, nous avons d'autres chats à fouetter. Moi, je m'imbibe des savoirs de ma mère chérie sans imaginer que je serai bientôt privée d'elle.

Maman a un caractère de Bété, des gens fiers et francs qui ne tournent pas autour du pot. Merci maman de m'avoir appris à tout assumer, à ne jamais fuir, à affronter toutes les situations.

Merci pour la rage dont j'ai hérité de toi.

Nous sommes au début de l'année 1987, maman est enceinte de sept mois, c'est son septième enfant. Trois filles et trois garçons sont sortis de son ventre avant lui, moi, je suis la deuxième. Maman n'a que trente-deux ans, alors. Une gamine, pour la femme mûre que je suis aujourd'hui ! Moi, à l'époque, j'en ai douze et demi, mon acte de naissance le certifie : je suis née le 30 mai 1974, à Abidjan, quartier Abobo. De mon nom complet Rachel Keke Raïssa, je suis la première fille d'Eulalie, ma mère. J'imagine que ma naissance la réjouit, alors.

Quelques années plus tard, la naissance du septième est attendue pour dans deux mois, maman croit avoir le temps. Alors elle part quelques jours à Balahio, son village de naissance non loin de la ville de Gagnoa, à trois cents kilomètres au nord-ouest d'Abidjan.

Ça aurait dû être des vacances.

Pas de bord de mer à Balahio, ni non plus à Gagnoa, mais c'est quand même la principale ville du Gôh, dans la région appelée Gôh-Djiboua. Gagnoa est entourée de forêts, de rivières, de zones agricoles. L'agriculture y joue un rôle prédominant : cacao, café, hévéa et cultures vivrières sont au cœur de la vie de ses habitants, avec l'artisanat. La ville possède aussi des routes, des marchés, des infrastructures de toutes sortes, tels des dispensaires ou des équipements sportifs. Ils ne sont pas toujours en très bon état. Pas plus que les routes qu'on emprunte pour se rendre à Gagnoa ou à Balahio. On y va en bus, chevauchant les pistes cahoteuses.

Maman en a vu d'autres.

J'imagine… j'espère que les dernières vacances de maman se sont bien passées.

Je n'y étais pas.

J'aime à penser qu'elle a coulé des jours heureux auprès de notre famille maternelle. Ils vont aux rizières, parcourent les pistes sur les champs de maïs, partent en pirogue sur les rivières. Ils fabriquent des calebasses sur un tour de potier à partir d'une simple boule d'argile. Ils tissent des paniers, des nasses pour les poissons, des chasse-mouches ou des pagnes en raphia tressé.

Fin de journée, tombée de la nuit avec la brise qui se lève pour les rafraîchir. En famille, son gros ventre en avant, maman déguste de la carpe ou des silures pêchés dans les eaux poissonneuses du Davo. Elle se régale du manioc que les filles ont pilé dans l'après-midi. Ils s'installent au pied des arbres pour digérer, et maman rit de bon cœur aux histoires qu'on se raconte sous les feuillages, tout en buvant du vin de palme.

Maman ne boit pas d'alcool, juste du bissap. C'est une infusion d'hibiscus, une variété très spéciale qu'on appelle l'oseille de Guinée en français. Bref, durant tout ce séjour maman mange bien, rit beaucoup, se détend, aide la communauté.

Et puis elle repart avec son gros ventre dans lequel le bébé donne déjà des coups.

De retour, elle tombe subitement malade. D'un jour à l'autre, tout bascule, de la douceur de vivre modestement à l'appréhension des lendemains qui déchantent. Et puis on ne sait pas nommer son mal, on n'y comprend rien, c'est terrifiant.

Ça la prend comme ça.

Faute d'argent, papa l'emmène chez un guérisseur. L'hôpital, c'est trop cher, et puis il n'aime pas sa froideur, sans compter qu'on y meurt trop souvent, trop facilement. Surtout quand on n'est personne.

Quand vous n'êtes personne, et qu'en plus vous n'avez pas d'argent, l'hôpital vous refoule. On a tout intérêt à aller directement chez le guérisseur, il est plus accessible, et il ne vous met jamais à la porte. Sauf qu'il n'arrive pas à soigner maman. La maladie s'aggrave.

D'heure en heure, maman dépérit sous nos yeux et nous sommes impuissants.

Trois jours de souffrances.

C'est fini.

Maman meurt à la maison, avec le petit garçon qu'elle portait. Je n'ai pas vu mon petit frère mais, je le sais, il a été retiré de son ventre, après.

Je n'oublierai jamais la mort de maman, que j'ai vue, que j'ai regardée bien en face. Parce que je faisais tout avec elle. En tout, je l'accompagnais, jusque dans sa souffrance, que j'ai ressentie dans chacun de mes pores.

Je l'ai vue partir.

J'ai vu le corbillard venir chercher sa dépouille.

J'étais là avec mes frères et sœurs. Le dernier, Renaud-Kévin, avait deux ans. Tous, on a regardé notre si jeune mère s'éloigner vers la morgue de Treichville.

Aucun de nous ne réalisait vraiment ce qui s'était passé.

Comment croire une chose pareille ?

C'est à ça que servent les veillées.

Après une première veillée dans la cour commune, nous nous rendons à la morgue pour procéder à la levée de corps. Moment solennel de recueillement où le cercueil, après avoir été refermé, est chargé dans le véhicule funéraire. C'est tellement irréel, je suis le mouvement avec des gestes automatiques tant je suis accablée. Atterrée. Je n'arrive toujours pas à y croire.

Peu après la constitution du cortège, nous partons en direction de Tiégba, en pays Dida, où naquit mon grand-père, le tirailleur devenu sénégalais. Maman doit, selon ses vœux, être inhumée sur les terres de son époux. Mais la famille de maman, les Bétés de Balahio, s'interpose. Ils ne veulent pas que la dépouille soit transportée à Tiégba. Des histoires… graves.

De son vivant, maman évitait les conflits en alternant nos séjours : une année nous partions en vacances à Tiégba, une autre à Balahio, celle d'après, de nouveau à Tiégba et ainsi de suite. À moins de couper son cercueil en deux, on ne peut pas appliquer cette règle après sa mort. Alors le cercueil est bloqué devant la route barrée, jusqu'à l'arrivée de la police qui calme le jeu, en douceur. La volonté de maman sera respectée, on repart vers Tiégba.

Là-bas, nouvelle veillée, un vendredi si je me souviens bien – mais vous imaginez comme on perd la notion du temps dans de telles circonstances, surtout quand on a douze ans. L'enterrement sera le lendemain. Je n'ai pas le droit d'y assister.

Chez nous, quand un enfant perd ses parents, il ne va pas jusqu'au cimetière. Pourtant j'ai vu le visage de cire de ma mère, ses yeux clos, son air paisible, qui m'a déchiré le cœur, mais les larmes sont restées à l'intérieur.

Les questions aussi, sans réponses. Pourquoi si tôt ?

J'ai eu beaucoup de mal à réaliser que je ne la reverrais plus.

C'est un drôle de constat, on se demande comment on a pu en arriver là. Qu'est-ce qui s'est passé, comment elle est tombée malade, pourquoi personne n'a pu la sauver.

Jusqu'à aujourd'hui, je ne sais pas ce qui a causé son décès. Alors on se résigne, les jours qui passent nous donnent la mesure de l'absence, on finit par en prendre conscience : maman n'est plus là.

On découvre aussi que nos parents ne sont pas des rocs : maman est morte et papa pleure toutes les larmes de son cœur. Il ne sait plus qui il est, où il est. Il pleure tant qu'il n'a plus de larmes à verser, alors ses yeux deviennent rouges et secs. Il ne sait plus pleurer.

5

L'école est finie

La mort de maman se fait sentir dans tous les aspects de la vie quotidienne. Jusque dans nos estomacs. Si le seul salaire de papa nous permet de manger du premier au cinq du mois, après, chacun s'arrange avec sa faim. On se fait inviter à la table d'un voisin. Mais le voisin vit la plupart du temps une pauvreté équivalente à la nôtre, alors… On fait avec la faim et les petites pièces qu'on trouve par débrouillardise.

Tôt le matin je me mets en route, avec dans la poche une pièce de 25 francs CFA que papa m'a donnée pour le petit déjeuner. Ça représente 3 ou 4 centimes d'euro… une fortune.

Arrivée devant l'école, je commande mon petit déjeuner à une marchande ambulante :

– Godio graisse, 25 francs !

Et je me régale d'une espèce de sandwich de pain rassis garni d'huile ou de graisse. Les bons jours, le godio s'accompagne d'un café baoulé. Très dépouillé, le café, parce qu'il n'en contient pas un seul grain. C'est de l'eau tiède et du sucre. Quand on sait que la Côte d'Ivoire est parmi les plus grands producteurs africains de café au monde… Quatrième, je crois, derrière l'Éthiopie, l'Ouganda et la Tanzanie.

Pour autant, le café baoulé est ce simple gobelet d'eau auquel on ajoute quelques morceaux de sucre. Touillez jusqu'à ce que le sucre soit fondu, et régalez-vous en alternant avec le pain godio. Vous voilà fin prêt pour affronter la matinée caniculaire. Si par malheur vous êtes le six du mois, profitez-en au maximum parce que c'est probablement tout ce que vous vous mettrez dans l'estomac jusqu'au soir, voire jusqu'au lendemain matin.

Quand la cloche sonne midi, retour à la nouvelle maison car il n'y a toujours pas de cantine scolaire, ça n'existe nulle part. Après la mort de maman, papa ne supportait plus notre ancienne maison, emplie de sa présence. Alors déménagement, dans cette cour si longue que nous la surnommons le Bateau. Et puis après tout, nous sommes tous dans le même bateau, ce bateau d'Abobo, où je suis née, où j'ai grandi, d'où je partirai.

Ici, nous avons trois pièces : un salon, une chambre pour papa et une chambre pour mes frères, mes sœurs et moi. La petite sœur de papa s'installe quelque temps chez nous. Tous, nous dormons tantôt dans le salon, tantôt dans la chambre, tantôt dans la cour. Chez mon père, nous sommes très nombreux. Après ses enfants il y a des cousins, des cousines… des tantes. Quand la place manque, on jette un morceau de pagne sur le sol afin de créer un couchage supplémentaire.

Système D. Nous n'avons pas les moyens de nous offrir des matelas.

Quand je parle de matelas, je n'ai pas d'autres références que les paillasses du marché d'Adjamé : basse qualité, trois ou quatre centimètres d'épaisseur, ce qui représente déjà un luxe à mes yeux. Je ne conçois pas l'existence de matelas à mémoire de forme et de vingt-sept centimètres de haut. Pourtant je découvrirai une literie *king size* un jour, dans les hôtels où je ferai le ménage.

La plupart du temps, papa n'est pas là quand je rentre à midi. Il travaille. Alors, de mon autre poche, et à condition que nous soyons dans les cinq premiers jours du mois, je sors la deuxième pièce que papa m'a laissée pour le repas de midi. Plus copieux que le petit déjeuner, le déjeuner s'achète auprès d'une marchande ou d'un haoussa. Ce sera godio encore, ou garba.

Enrichi de petits pois, le godio de midi est moins cher que l'attiéké de garba. Celui-ci se compose d'un poisson grillé accompagné d'une semoule de manioc assez grossière. J'aime son goût acidulé et sa texture fibreuse, même si je sais que cet attiéké-là vient d'un manioc de mauvaise qualité. D'où son prix presque raisonnable, en comparaison, par exemple, de l'attiéké ministre : le manioc y est tamisé quatre fois, dans des tamis au maillage de plus en plus fin. Résultat, plus aucune trace de fibre ; c'est le genre de manioc qu'on pourrait servir dans des hôtels haut de gamme.

Le ménage n'est pas un avenir formidable, maman aurait rêvé mieux pour sa première fille. Seulement, après sa mort, j'ai de plus en plus de mal à assurer l'école, les charges de famille, l'estomac qui crie famine. Le Bateau est aussi dépourvu d'eau courante et d'électricité. Mais il est muni de fosses septiques… qui débordent régulièrement. Le temps qu'elles soient vidées, les déchets forment des rigoles, de petites rivières qui coulent le long de la cour, et justifient d'autant plus le surnom qu'on lui donne.

En écrivant ces mots, je revois les mères qui cuisinent ensemble dans ce Bateau où les uns prennent soin des autres. Du linge sèche sur des cordes tirées d'un bout à l'autre de la cour. Nous venons tout juste de le laver avec l'eau que nous sommes allées puiser à la pompe qui se situe juste en face.

Souvent, l'eau qui nous sert à laver, à boire, à cuisiner est coupée durant plusieurs jours. Panne du réseau de distribution. Alors nous nous levons à 4 heures du matin et partons sur la route avec des bassines, des dames-jeannes, des barriques, tout ce que nous trouvons, en marchant d'un bon pas en direction de la rivière la plus proche, qui coule à vingt minutes du Bateau. Pour l'atteindre, il faut gravir une colline, être très prudent, surtout au retour, une fois l'eau puisée.

Bien que nous marchions en faisant attention, nous n'évitons pas toujours les glissades, les cuvettes brisées, et l'eau perdue. Alors, tel Sisyphe, nous regrimpons jusqu'au sommet de la colline, descendons doucement l'autre flanc, reprenons de l'eau à la rivière… Une école de patience et d'agilité.

Mais justement, croyez-vous qu'on ait encore la force d'aller à l'école après ça ?

J'arrête. En CM2.

Ça n'aurait pas plu à maman, mais pas le choix : je dois prendre sa relève. À partir de ce moment-là, celui de mes douze ans, je suis mère au foyer à plein temps. La petite sœur de papa, qui a emménagé chez nous, m'aide à prendre en charge la fratrie, jusqu'à ce que, brusquement, elle meure à son tour.

C'est cruel. C'est comme ça.

La vie continue, on s'y accroche.

Se lever à 5 heures au plus tard, faire la vaisselle, le linge, réveiller les frères et sœurs afin qu'ils se préparent pour aller à l'école. Pendant ce temps, je m'en vais nous acheter du pain godio et à mon retour je prépare le café baoulé, de sorte que mes frères et sœurs ne partent pas l'estomac vide.

Parfois, le vieux, mon père, voit comme je suis fatiguée, alors il me laisse une pièce de 100 francs – 15 centimes d'euros – sur la table. Je n'ai pas d'autre horizon que le présent, bouché. Heureusement, il y a le foot.

J'y joue souvent avec Rose, amie d'enfance avec qui je tresse, joue, vais chercher l'eau à la rivière. Avec le chant, le foot est encore une vocation que j'ai ratée…

Doux-amers, ces souvenirs me serrent la gorge. Je me rends bien compte que ce mode de vie fait parfois rêver, vu de l'extérieur, car il repose sur le collectif. On partage même le manioc qu'on cultive tous ensemble dans les champs aux abords du Bateau. Pourtant, quand on vit dans ces conditions, on aspire à plus d'intimité, plus d'espace privé, plus d'existence individuelle.

On en rêve sans vraiment y croire.

On a du mal à imaginer à quoi ça peut ressembler.

Cela existe-t-il vraiment ?

À l'époque, je ne suis pas révoltée. Pauvreté, souffrance et mort me paraissent normales, naturelles. Tout le monde autour de moi s'y résigne, alors je fais comme tout un chacun. Voilà, les parents n'ont pas d'argent, la famille n'a pas d'argent, je n'ai pas d'argent, on fait ce qu'on peut. Ce n'est pas une question. Il me faudra des années pour passer de la résignation à la révolte, et aux questions.

Pourquoi y a-t-il des pauvres ? Pourquoi y a-t-il des riches ? Pourquoi la souffrance ?

Se poser la question, c'est comprendre que non, ce n'est pas naturel. Souffrir ne devrait pas être une habitude. Se poser la question, c'est se donner, au moins, la possibilité d'y réfléchir. C'est se dire qu'on peut changer les choses. Mais à douze ans, je n'envisage pas de changer quoi que ce soit. J'endure, je résiste, on survit. Je n'imagine pas que la souffrance n'est pas une fatalité.

À jamais je resterai cette enfant pauvre. Je ne changerai pas. Je ne peux pas changer. Parce que je ne peux pas effacer mon enfance. D'où je viens. Ce que j'ai vécu. Une enfance heureuse, mais dont les privations ont laissé des cicatrices qui ne s'effacent pas.

Aujourd'hui privilégiée, bien coiffée, bien sapée, je suis encore habitée par la peur. La peur de manquer, d'être chassée, expulsée. Et si j'ai du courage, il me vient de cette peur, de cette souffrance qui est mienne et que je partage avec tant d'êtres humains.

6

Et je chante, et je coiffe

La vie continue aussi pour papa, qui engendrera bien des enfants.

Un jour, nous célébrons la naissance de Constant. Un autre, nous fêtons celle de Cédric, puis celle d'Eulalie, ainsi nommée en souvenir de maman. Et enfin nous accueillerons Jeanette, notre petite dernière, fille d'Odette. Odette demeurera auprès de papa jusqu'à sa mort, en France en 2023. Elle est la dernière femme que papa ait aimée.

Mais ne brûlons pas les étapes et parlons quand même de la joie que je trouve à vivre, même après la mort de maman, même si elle me manque, infiniment, même si elle est irremplaçable. Maman a dû se retourner dans sa tombe, elle qui ne voulait pas que je chante, mais après son départ… je m'inscris à la chorale des jeunes de Saint-Jean-Baptiste. Elle me pardonnera parce que le chant m'aide à oublier le chagrin.

C'est une manière toute simple de me changer les idées, de sortir un peu, d'autant que je ne vais plus à l'école. Je m'offre ces récréations musicales entre les tâches domestiques, et je suis toujours très excitée à l'idée de rejoindre nos répétitions trois ou quatre fois par semaine à 19 heures. Pour m'assurer la meilleure voix possible, je quitte toujours la maison sans manger, ce qui n'est pas un défi, vu qu'on manque de tout. Je ne saurais pas expliquer pourquoi, mais ce jeûne convient à mes cordes vocales. Je ne suis pas très épaisse mais on dit que je chante bien.

Je m'implique aussi dans un mouvement de jeunesse proche du scoutisme. Cœurs vaillants-Âmes vaillantes, alias CV-AV, est un regroupement catholique d'enfants, remontant à 1929, année durant laquelle un abbé connu sous le nom de Jacques Cœur crée, en France, un journal dénommé *Cœur vaillant*. Avec le temps, l'idée prospère et le projet s'étend, jusqu'en Côte d'Ivoire où il se donne pour mission de faire des enfants les apôtres du Christ. Personnellement, je m'intéresse surtout aux activités qu'il propose, tels la danse et le théâtre. Je m'y épanouis autant que possible et, surtout, j'y noue des liens amicaux précieux et durables. Imprégnée d'éducation catholique, je me préoccupe de mon prochain.

Et puis, je me mets à la coiffure. À douze ou treize ans, je m'installe dans la cour, dans le Bateau, et je vends mes services de coiffeuse émérite. Je mets en pratique un savoir acquis les années précédentes : au départ, je coiffe mes frères et sœurs et petit à petit je me fais une clientèle, des femmes qui me sollicitent contre un peu d'argent.

– Rachel ! Tu me fais des fins-fins ?

– Attends ! Je finis de faire à manger pour mes frères, après on va coiffer !

Vite, je termine la sauce graine, je sers les petits, je surveille leur repas, hop, à l'école, et me voilà libre pour les cheveux de ces dames. Je passe pour la meilleure coiffeuse du quartier. Nattes, tresses, mèches, rajouts… j'offre tous les coiffages possibles, à l'exception des tissages que je ne sais pas faire. Mes clientes raffolent particulièrement des rajouts sur des tresses extra-fines qui leur tombent dans le bas du dos. Un travail de précision qui demande trois à quatre jours de tressage pour une tenue de plusieurs mois. À l'époque, on les nomme fins-fins ou brindilles de balai. Poétique…

Je tresse aussi les fillettes, au fil. Je réalise également des marcoussis, vous savez, les incontournables tresses africaines plaquées sur le cuir chevelu, plus ou moins épaisses, suivant des motifs géométriques très variés. Aujourd'hui, avec les ragwas et les patras, de très grosses nattes composées avec des mèches, elles sont sorties d'Afrique. Avec d'autres coiffures « afro », elles ont souvent pris des noms américains plus ou moins évocateurs : twists, braids, locks, jumbo rastas… On parle aussi de vanilles pour les fins-fins.

Bref, je coiffe si bien que mon père regrette de ne pas avoir les moyens de m'ouvrir un salon de coiffure.

Chez Rachel !

Ou bien *Rachel Coiffure !*

Ça claque, non ?

Un salon de coiffure, c'est le rêve, le sommet inatteignable, c'est tellement mieux que tresser dehors, en plein cagnard. Quand il fait chaud, on cherche l'ombre, qu'on trouve parfois sous les manguiers.

Voilà, jusqu'à aujourd'hui, je coiffe mes propres enfants. Depuis mon arrivée en France, jamais je n'ai envoyé mes enfants au salon de coiffure. Des mamans de leurs copains d'école me demandent parfois si je ne pourrais pas passer faire les cheveux des petits. Je ne me fais pas prier. Dès que j'ai une minute, je passe, je tresse.

Les années passent, j'ai désormais plus de vingt ans et je tresse toujours, mais plus au Bateau, car nous avons à nouveau déménagé. Nous vivons dans une nouvelle cour commune appelée Gros Trou. Elle est encadrée de maisons peintes à la chaux. Nouvelle cour, nouvelle ambiance : désormais, chacun est dans son chacun. Terminé, les douches ensemble, on se nettoie chez soi et les cuisines sont individuelles. Nous ne vivons plus avec nos voisins, mais parmi eux. Nous ne faisons que les croiser, quand on va au travail, au marché ou à l'école. Ou quand on les coiffe.

Il y a des remous politiques qui m'échappent : je n'ai pas la télévision, c'est un luxe. De temps en temps je vais regarder un film chez le voisin, je vois quelques minutes de journal télévisé, j'apprends que le Vieux Boigny est mort alors qu'on vient à peine de finir sa basilique, le président de l'Assemblée nationale lui succède, il s'appelle Bédié.

À vrai dire, à cette époque, ça ne m'intéresse pas beaucoup, et autour de moi personne ne se sent vraiment concerné. Dans le fond, nos vies ne changent pas. Et on s'en contente.

Je suis très impliquée à la chorale. On fait des tournées dans tout le pays, de village en village. Nous sommes invités à des cérémonies, des veillées mortuaires, des mariages. Nous organisons aussi des concerts.

Je ne suis pas encore révoltée, la graine de la rage n'a pas encore germé en moi. Pourtant, elle est bien là, depuis avant ma naissance, peut-être depuis les injustices dont grand-père a été victime.

Alors je coiffe, je coiffe, tout au long de ces années, je coiffe, jusqu'au jour où tonton Patrice me voit tresser dans la cour.

Vivant en France depuis de nombreuses années, il est de passage en Côte d'Ivoire. C'est un habitué des voyages et des avions. À une époque, il vivait aux États-Unis. Après m'avoir longtemps observée, tonton Patrice prend mon père par le bras et lui dit :

– Ta fille tresse bien, non ?

– Ah oui, Rachel tresse très bien.

– Je veux qu'elle vienne en France.

– Hein ?

– Je veux qu'elle vienne en France pour travailler dans mon salon de coiffure.

7

Le paradis de Paris

Vu d'Abobo, Paris rime avec paradis. À deux lettres près, Paris *est* le paradis.

Les Abidjanais voient souvent des Ivoiriens tout droit débarqués de Paris venir à Abobo. Ils ont une manière de parler, de s'habiller, de parader… ils sont tous reconnaissables.

Ils sont allés en France !

Ils ont eu le visa.

Parfois même ils ont le passeport français. Grâce à un parent qui était blanc, ou un parent qui était noir, quand celui-ci avait donné son sang à la France. Des fois, ce sont les matières premières que l'on donne : café, cacao, et même du pétrole. Le pays n'est pas connu pour cela mais, en Côte d'Ivoire, il y a aussi du pétrole. Le dernier gisement en date s'appelle « Baleine ». Découvert en mer en 2021, il s'agit du plus gros puits d'or noir ivoirien. Cependant je vous l'accorde, le don de son or noir n'est pas tout à fait comparable au don de son sang.

Les Ivoiriens ont réussi à aller en France par différents moyens : visa et passeport, on l'a vu, mais aussi en *faisant l'aventure*. Cette expression pourrait être le titre d'un film tiré de faits réels : vous vous appelez Alpha, ou Patience, vous avez d'excellentes raisons de partir en France, mais l'ambassade vous refuse le visa. Seulement vous êtes obligés de partir. Alors, à défaut de prendre l'avion, vous allez devoir *faire l'aventure* : traverser plusieurs pays d'Afrique en mini-bus et à pied, esquiver les coups de fusil de certains douaniers, payer des sommes exorbitantes à des passeurs. Et un jour enfin, dix-huit mois après votre départ, vous arrivez au bord de la mer. C'est la dernière épreuve, celle de la traversée. Vous savez, vous avez peu de chances d'y survivre. Mais devant la mer, vous vous faites la promesse de survivre au cauchemar de la traversée. De ne pas être de ces cadavres qui tapissent les fonds océaniques, parce que leurs embarcations se sont renversées ou parce qu'ils ont été massacrés. Un jour, peut-être, les historiens raconteront.

Survivre, c'est ce qu'on doit aux morts. C'est pour ça que vous avez surmonté le rejet dont vous avez été l'objet dans les pays que vous avez déjà traversés, au cours de votre périple. Vous avez résisté à l'exploitation, à la maltraitance. Et par miracle, vous arrivez en Europe. Petit à petit, vous y faites votre trou, là où vous pouvez, comme vous pouvez.

Évidemment, les aventuriers, froidement appelés les migrants, n'occupent pas des positions sociales très élevées en France. On les perçoit rarement comme des héros. Pourtant ce sont des Superman et des Superwoman, vous pouvez me croire. La plupart du temps, ils travaillent – au noir – dans la restauration, le ménage, ou la coiffure, ou les trois à la fois. Parfois on voit ces illégaux sous la tour Eiffel où ils vendent de la pacotille pour des touristes qui n'imaginent pas ce qu'ils ont traversé. Et tout à coup vous les voyez plier bagage parce qu'une voiture de police se signale. Ils vont se cacher, ils patientent, ils reviennent : vivre à tout prix, c'est leur devise.

Leurs revenus, dérisoires du point de vue français, sont plus que décents à Abobo. Royaux, même. Les 500 euros qu'ils gagnent à Paris tous les mois représentent plus de 300 000 francs CFA, soit quatre SMIC ivoiriens. C'est-à-dire une vie de standing. L'argent qu'ils envoient par Western Union tous les mois permet aux proches de s'en sortir à peu près correctement.

Parfois même de s'offrir un téléviseur.

En ce qui me concerne, j'ai échappé à l'immigration clandestine grâce à un visa courte durée. Il m'a évité bien des misères, voire il m'a sauvé la vie.

Quand mon tour est venu de rejoindre le paradis de Paris, j'ai été vraiment heureuse de m'arracher à la misère, même si elle était joyeuse.

Craignant les jalousies, papa me recommande quelques jours avant mon départ :

– Ne le dis à personne ! Que tu vas voyager… ne le dis à personne.

Secret d'État, que je sais garder précieusement.

Je n'en dors plus la nuit tant je suis excitée par l'avenir qui s'ouvre devant moi. Jamais je ne m'étais intéressée à l'avenir jusqu'ici, et tout à coup il est là, offert, à saisir des deux mains.

Rachel, tu vas coiffer toutes les têtes de Paris !

J'ai peut-être un destin alors que ce mot n'existe pas dans mon vocabulaire.

Beaucoup d'Africains ont eu un *destin* français avant moi. Il ne s'agit pas uniquement des vendeurs à la sauvette de la tour Eiffel. Malheureusement, ces Africains n'ont pas de visage : on les oublie avec une facilité déconcertante.

Celui dont on se souvient, c'est le Vieux Boigny, de son mandat de président de la Côte d'Ivoire. On a oublié en revanche qu'il fut aussi député du département de la Côte d'Ivoire de 1945 à 1959.

En France, oui.

Les règles, à l'époque, ne sont pas tout à fait les mêmes qu'aujourd'hui. Je ne suis pas sûre qu'on l'enseigne à l'école, parce que la République assume mal un certain passé. Mais il y a deux collèges à l'Assemblée nationale en ce temps-là. Deux collèges séparés. Le collège des citoyens et celui des non-citoyens. Ils n'ont pas du tout le même poids. Les citoyens ont tous le droit de vote ; les indigènes sont ultra-minoritaires et, parmi eux, les femmes ne peuvent pas voter. C'est l'ordre colonial.

Depuis, les choses ont beaucoup progressé : de nombreux Noirs et Arabes habitent désormais les beaux quartiers de Neuilly-sur-Seine, du XVIe arrondissement de Paris ou des coins branchés de Montreuil. Je plaisante bien sûr.

Comme la plupart des Ivoiriens et des Français, j'ignore tout ça, dans ma jeunesse. Cette vieille histoire de ségrégation raciale et sociale, qui ressemble à une maladie incurable.

Aussi, la veille de mon départ à Paris, je suis simplement grisée à l'idée de retourner chez *moi*. Douce France, cher pays de mes rêves. Mes tantes me confortent dans cette idée :

– Rachel, n'oublie jamais que tu es chez toi en France ! Tu n'as pas besoin de demander l'autorisation ! Ton grand-père a combattu. Si aujourd'hui la France est libre, c'est grâce à qui, hein ?

Et c'est ainsi que je me retrouve dans un taxi, vêtue de ma plus jolie robe, direction l'aéroport d'Abidjan, en compagnie de Rodrigue, mon grand frère. Il ne sera pas du voyage, mais il me fait le plaisir de m'accompagner. Je laisse derrière moi Roméo, mon petit garçon de neuf ans. Roméo est mon premier-né. J'avais dix-sept ans lorsqu'il est venu au monde. Un peu jeune pour être mère. Ma famille m'aide à assurer son éducation. Je ne veux pas l'entraîner dans l'aventure incertaine de mon voyage à Paris. Heureusement, je peux compter sur mes proches pour prendre soin de lui.

Des ballerines aux pieds, alors que d'habitude je porte des babouches, j'ai mis ma valise dans le coffre, une valise étonnamment petite pour le grand voyage qui m'attend. À l'intérieur, quelques vêtements, une serviette-éponge, de la crème pour le visage, je crois que c'était de la Nivea, une brosse à dents, du beurre de karité pour les cheveux et bien sûr mon vieux pagne, celui qui ne me quitte jamais.

Et me voici dans l'avion, tremblante comme je vous l'ai raconté, à cause de trous d'air inoffensifs. Aussi parce que j'ai froid.

Quid de mon visa touristique ?

La question ne m'effleure pas encore, mais la réalité ne tardera pas à me rattraper. En attendant, je crois mes tantes sur parole : comme mon grand-père (dont j'ai la photo dans ma poche), elles m'ont toujours dit que la France, c'était chez nous.

Pourquoi aurais-je besoin d'une autorisation pour rentrer chez moi ?

8

Rachel dans le métro

Après avoir posé le pied sur le tarmac et passé les contrôles de police, je récupère mes bagages, puis je sors en compagnie de tonton Patrice. Il est venu me chercher avec sa cousine.

Ma plus grande surprise en arrivant est le métro, ou plutôt le RER (réseau express régional) – je ne fais pas tout de suite la différence entre ces deux modes de transports. Mais qu'on puisse transporter des êtres humains sous la terre me dépasse totalement.

Suivant tonton Patrice et sa cousine dans les souterrains, ma valise en main, je descends avec lui les escaliers, je découvre les escalators, qui roulent tout seuls. Je me demande jusqu'à quelle profondeur nous allons descendre. L'idée de ne plus pouvoir remonter à l'air libre m'inquiète un peu. En même temps, personne ne semblant vraiment s'angoisser, j'en déduis que je reverrai sans doute la lumière du jour à un moment donné.

Mais je ne m'attendais pas, non, à ce que Paris, le paradis, se gagne en passant sous la terre.

Qui, d'ailleurs, a eu cette idée folle, un jour, d'inventer le métro ?

L'idée lumineuse de creuser des galeries éclairées, où les gens se croisent, tels des zombis, le plus souvent sans se regarder ? Les gens n'ont pas l'air très heureux au paradis.

Zombis en haut, zombis en bas, zombis au centre, j'évolue dans une humanité compressée et étagée. Je m'étonne de cette superposition d'hommes, de femmes et d'enfants. Souvent, ils courent, à perdre haleine. J'ignore après quoi. Le temps, en tout cas, semble une denrée rare et précieuse.

Je me fais la réflexion qu'on n'a jamais vu de transports souterrains à Abobo. Personne n'y a jamais pensé. Franchement, me dis-je, admirative, il n'y a que nous, les Français, pour imaginer promener les gens sous la terre. Qu'est-ce qu'on a été malins de faire ça, de manière si ingénieuse ! Papy nous avait prévenus : les Français sont particulièrement intelligents.

Docilement, je suis tonton Patrice et sa cousine, on descend, on monte, on redescend, on remonte, on traverse de longs couloirs étroits où flotte une odeur d'ammoniac. Je ne l'identifie pas tout de suite mais je finis par comprendre que c'est une odeur de pisse. Ici, on pisse partout. C'est plus simple et plus pratique qu'aller aux toilettes. Il fallait y penser.

Dans une bifurcation, une femme est contrariée parce qu'elle n'arrive pas à monter l'escalier avec sa poussette. Immense et large, cet escalier n'a pas été pensé pour les poussettes, les vieux, les petits enfants, ou les handicapés. Je suppose que le métro et le RER ne sont pas prévus pour eux. Peut-être sont-ils censés rester chez eux toute la journée, à attendre le retour des hommes valides ? Une autre femme finit par aider la mère à la poussette.

Nous voilà sur le quai, où attend beaucoup de monde.

Prochain train dans trois minutes, nous avertit un panneau.

Comment sait-il ?

Un petit animal traverse la voie ferrée : c'est un rat, me dit tonton Patrice.

Le panneau disait juste, le train arrive trois minutes plus tard, bondé. Je ne sais pas comment les personnes entassées sur le quai vont réussir à entrer là-dedans, mais je monte, impressionnée. Je me fais toute petite, ma valise aussi, et je me glisse dans un tout petit espace avec tonton Patrice et sa cousine.

Le RER repart, il file à toute vitesse (il est *express*), il s'arrête quatre fois, et nous descendons à la cinquième station. J'éprouve un soulagement à me libérer de cet espace confiné même si j'ai l'habitude. À Abobo les bus sont toujours pleins à craquer.

Si j'ai bien compris les explications de tonton, nous devons rejoindre un autre train (*express* aussi), sur un nouveau quai, de sorte à revenir en arrière.

Revenir en arrière ?

Pourquoi revenir en arrière ?

À quoi bon prendre des trains express si c'est pour revenir en arrière ?

Pour prendre la direction de Mitry-Claye, me précise tonton Patrice. Ensuite on descendra à Vert-Galant. En vérité, notre destination, Vert-Galant, ne se situe pas très loin de l'aéroport. Mais étant donné le *tracé*, il faut faire un détour jusqu'à trouver un croisement, et rebrousser chemin. Ce croisement se situe à Aulnay.

Miracle du RER, nous voilà enfin à Aulnay. Comme prévu, nous changeons de ligne, je traîne ma valise derrière moi en veillant à ne pas écraser le pied d'autrui. Autrui est mon concitoyen. Je lui souris mais il ne me répond pas toujours. Je ne m'attendais pas à ce que le paradis soit rempli de cette tristesse. Franchement, j'aimerais prendre autrui dans mes bras pour le consoler.

Les gars ! Réjouissez-vous, enfin ! Est-ce qu'on n'a pas inventé le métro ?

Enfin Vert-Galant, notre terminus. Une fois sortis de la gare – très jolie –, on marche vers un ensemble d'immeubles, appelé HLM. Habitation à loyer modéré. C'est joli, très joli, je n'ai jamais vu d'habitation à loyer modéré à Abobo. Ce sont de grands bâtiments de plus de dix étages, où des gens vivent ensemble entre ciel et terre. Je trouve que c'est pas mal.

Nous prenons un ascenseur – nous les Français avons aussi inventé ça ? – et entrons dans un appartement quelques étages plus haut. Tonton Patrice me présente ma chambre, très bien. Je suis prête à me mettre au travail, immédiatement.

9

Coiffeuse afro, mère sans papiers

Le salon de coiffure se situe à Château-Rouge, un quartier multicolore de Paris. Ce n'est pas la porte à côté, mais moi qui me suis levée avant le soleil toute mon enfance, je n'ai pas froid aux yeux. Et je suis surprise de découvrir que la France, elle est drôlement pauvre. Où sont les riches dont j'ai tant entendu parler ?

Pas à Château-Rouge, en tout cas.

Château-Rouge, ce n'est pas vraiment la France qu'on nous vendait quand j'étais enfant. Mais elle me plaît bien, cette France métissée.

Sur le plan professionnel, je déchante assez vite : pas question d'aller travailler au salon tous les jours, trop risqué. Selon la loi, je n'ai pas le droit de travailler.

Si je travaillais, je volerais le travail de tous les Français qui rêvent de devenir coiffeur à Château-Rouge.

Et apparemment, ils sont très nombreux. Aussi nombreux que ceux qui rêvent d'être éboueur, nounou ou femme de chambre.

Pour leur faire concurrence, il faudrait que j'aie des papiers, de vrais papiers, pas juste un visa touristique de trois mois qui ne m'autorise qu'à faire du tourisme, visiter la tour Eiffel mais pas à travailler. Assez rapidement, je me rends compte qu'en réalité je ne suis pas française. Mais alors pas du tout ! Même si un test ADN révélait que je descends de Charlemagne en ligne directe… c'est non ! À la limite, on veut bien que je sois francophone du Sud, mais française… Pour qui je me prends ?

Touristique, mon visa bientôt échu me permet tout juste d'aller dépenser les francs CFA que je n'ai pas dans la culture et la gastronomie de notre beau pays. Certainement pas de faire des tresses dans les salons de coiffure ! En plus, les tresses, est-ce bien français ? Est-ce que ça ne devrait pas être interdit, les tresses, au moins dans les écoles ? Je crois que la question est d'actualité. Bref, tonton et son épouse ne veulent pas prendre le risque de me faire venir au salon.

Alors les clients appellent la patronne, et je me déplace à domicile pour exercer mes talents. Nous collons des annonces aux vitrines des boulangeries, des supermarchés, parfois sur des troncs d'arbres, et nous déposons des flyers au marché.

Coiffeuse afro à domicile
Coiffe tous types de cheveux, vraiment TOUS les types
Bons prix

Mon téléphone sonne, je prends des rendez-vous et me rends chez les clients, ou bien ils viennent chez tonton Patrice. Les clients, et surtout les clientes, sont très contents de moi. J'en conviens, je suis une travailleuse clandestine et je fais de la concurrence déloyale à toutes les coiffeuses légales qui ont un CAP de coiffure en bonne et due forme. Il paraît que le CAP de coiffure ne comporte pas de formation en coiffage de cheveux crépus. Je suppose que le ministère de l'Enseignement supérieur ignore jusqu'à l'existence des cheveux crépus. Moi, non. Je sais coiffer TOUTES les natures de cheveux. J'ai bien dit TOUTES.

Tonton est ravi… jusqu'au jour où ma grossesse devient un problème.

Voilà, notre histoire s'arrête là. Je suis censée me consacrer à la coiffure et j'arrive en France avec une grossesse avancée ? Quelque temps plus tard, mon gros ventre et moi n'avons plus qu'à plier bagage.

Nous allons nous installer chez une amie à Porte de Clignancourt. Je remercie ici Aimée, l'amie de Patrice qui m'a offert ce gîte et ce couvert. J'ai ainsi pu poser mes valises quelque temps chez elle. Enfin chez elle, c'est beaucoup dire. En réalité, ce n'est pas chez elle. Il s'agit du logement de Patricia, qui héberge notamment Aimée. Aimée qui se propose de m'héberger, avec mon enfant à naître.

C'est ce qu'on appelle le système D. Dans les systèmes D, le chez-soi est toujours le chez-soi de quelqu'un d'autre. Il est rarement durable. Il s'agit de s'adapter.

Conséquemment, Aimée et Patricia viennent ensemble me chercher à gare du Nord, où je débarque enceinte jusqu'aux yeux avec tout mon attirail. Ensuite, elles m'accompagnent jusqu'à l'appartement Porte de Clignancourt. Elles se moquent de ma démarche. À ce stade de la grossesse je me déplace en effet comme une cane.

En plus d'Aimée, Patricia vit avec sa fille de huit ans. Elle héberge aussi son grand frère. Détail important, elle est également enceinte. Son appartement est petit, il ne comporte que deux pièces que nous nous partageons. Coincés par nos situations sociales, nous n'avons pas d'autre choix. Nous vivons les uns sur les autres. C'est toujours mieux que la rue.

Ma situation précaire ne m'empêche pas de prendre un certain plaisir à découvrir mon nouveau quartier. La Porte de Clignancourt est un quartier très dynamique. Son visage, à l'été 2000, a bien changé depuis l'époque où Clignancourt était un hameau, voisin de Paris.

Sans papiers, je dois à tout prix me régulariser, c'est-à-dire expliquer, partout où ce sera nécessaire, que moi aussi, je suis française, bon sang !

Je suis un pur produit de la Force noire !

Aimée, seule Française parmi nous tous, m'aidera dans mes démarches de régularisation. En effet, c'est très simple : plus il y aura de réguliers, plus il y aura de députés pas comme les autres à l'Assemblée nationale.

Voire des sénateurs.

De son côté, tonton Patrice part se réinstaller aux États-Unis où il me propose de venir le voir. De l'eau a coulé sous les ponts depuis qu'il a découvert ma grossesse. Et il n'est pas rancunier. Moi non plus. Mais tant que je n'ai pas stabilisé ma situation en France, impossible de quitter le pays.

Et Patrick vient au monde. Cette même année 2000. Sa naissance me renvoie à celle de Roméo, survenue neuf ans plus tôt. J'ai laissé mon premier fils chez sa grand-mère à Abidjan. Il me manque, bien sûr. J'ai de ses nouvelles parfois, il navigue entre sa grand-mère et son père. Parfois, il loge chez ma petite sœur, Alice, à Yopougon. Alice est mon portrait craché. Elle-même se nomme Rachel n° 2. C'est pour rire, bien sûr.

Roméo a trente-deux ans aujourd'hui. Il travaille dans le bâtiment. J'ai pu le voir l'été dernier et je fais en sorte de rester en contact avec lui. On s'appelle tous les jours. Mais c'est vrai, à la différence de Patrick et de mes autres enfants, je ne l'ai pas vu grandir.

Quelques mois après mon arrivée à Paris, la naissance de Patrick m'enracine en France, où naîtront mes trois derniers enfants. Je reste aussi attachée à Abobo, où se trouvent mon fils aîné et tant de liens familiaux.

Régulièrement, j'ai de leurs nouvelles parce que je les appelle, toujours depuis une cabine. Les cabines téléphoniques sont monnaie courante en 2000. J'use de nombreuses cartes téléphoniques pour échanger avec ma famille quatre ou cinq minutes par semaine. Les unités disparaissent à toute vitesse. Je parle à mon père, mes sœurs, mon grand frère Panel.

Difficile, dans ces conditions, d'être loin.

Mais au regard de ce que j'ai vécu, de ce que vit ma famille, de ce que vivent tant de miséreux ici ou en Afrique, mes galères ne sont rien. Et je n'ai pour ainsi dire aucune difficulté à résister, en France : je ne suis pas, moi, en danger de mort. En bonne santé, je m'accroche à la vie, je fais déjà valoir mes droits.

Je n'aurais pas imaginé la précarité que je découvre, mais elle et moi nous connaissons déjà très bien. Depuis que je suis toute petite, je fréquente la pauvreté et l'injustice. J'en connais tous les rouages. Jamais je n'envisage de retourner vivre à Abobo, non. La vie là-bas est plus dure que la vie ici.

Là-bas, pas de travailleurs sociaux, peu d'associations.

Là-bas, tu ne peux pas aller manger chez ton ami parce que ses placards sont aussi vides que les tiens. Les mauvais jours, tu te couches le ventre vide.

Pas de boulot non plus, tout n'est que difficulté. Et c'est comme ça que les gens fuient et débarquent en France après avoir pris le bateau. Par instinct de survie. S'en sortir, qui n'a pas ça dans le sang ? Je suis increvable parce que je ne veux pas mourir.

Il faut que je tienne, il faut que je lutte, il faut que je me batte pour m'en sortir.

C'est ce que je me dis tous les matins quand je me lève.

Tonton Patrice aussi, aux États-Unis. Malheureusement on ne gagne pas toujours contre l'adversité. Un jour il tombe malade, bien avant que je puisse aller le voir.

Il perd l'usage de ses membres. Cloué sur sa chaise roulante à la suite de cette maladie, il meurt dans l'incendie de sa maison.

Encore une mort stupide, si affreusement douloureuse, que je ne m'explique pas.

10

Vie normande et droit du sol

2001, la vie continue chez Patricia, qui m'héberge Porte de Clignancourt jusqu'à ce qu'elle obtienne un logement social à Villeneuve-la-Garenne, une ville située dans le département des Hauts-de-Seine.

À l'origine, Villeneuve-la-Garenne est un village de pêcheurs en bord de fleuve. Comme Balahio, en quelque sorte. Mais l'eau a coulé sous les ponts quand j'y arrive. La ville ne fait pas encore partie du Grand-Paris, mais elle s'est drôlement urbanisée. Quelque 25 000 habitants, une population jeune, plutôt modeste.

J'y emménage avec Patricia, sa fille, le grand frère et Aimée. Me voilà villénogarennoise, avec bébé Patrick.

Faute de moyens de me stabiliser, je vis au jour le jour, jusqu'à déménager de nouveau. Cette fois, je pars chez Aimée, qui s'installe à Vernon où elle suit un amoureux.

« S'installer » n'est pas le terme que j'emploierais me concernant. Je me « désinstalle » si souvent. Comme une fugitive qui aurait quelque chose à se reprocher. Mais qu'aurais-je à me reprocher ?

Patrick a trois mois quand nous nous accommodons de ce nouveau lieu, qui n'est toujours pas un véritable chez-nous. En attendant, j'aime bien Vernon, qui ne se trouve pas en Île-de-France mais en Normandie, à quatre-vingts kilomètres au nord-ouest de Paris. Décidément, plus ça va, plus je monte vers l'étoile polaire.

Vernon est une petite ville charmante de la vallée de la Seine. Je m'y plais, mais il faut qu'on reparte, Patrick et moi. On ne peut pas rester éternellement chez Aimée, qui vit ses nouvelles amours avec passion. Par chance, Patricia me rappelle. Venant d'accoucher de son second enfant, elle a besoin d'une personne de confiance pour garder son bébé.

Me voilà repartie à Villeneuve-la-Garenne.

Ma situation matérielle est si catastrophique que je vais régulièrement cogner à la porte des assistantes sociales. Compréhensives, elles me donnent des tickets de transport, des tickets-restaurant, des conseils, des adresses d'associations d'entraide. Elles sont très dévouées, solidaires, je les remercie encore. Les tickets-restaurant me servent essentiellement à acheter du lait maternisé pour bébé Patrick. Pour ce qui est de ma nourriture, eh bien je fais la queue devant les Restos du Cœur.

« Aujourd'hui, chantaient Coluche et les Enfoirés en 1986, on n'a plus le droit ni d'avoir faim ni d'avoir froid. » Hélas, en 2001, on en crève encore. Et on est assez loin, j'en ai bien peur, d'avoir dépassé le « chacun pour soi » que fustigeaient les Enfoirés.

Pour ce qui est des vêtements, je me fournis à la mission catholique. Certaines des associations qui m'apportent leur aide se trouvent dans les beaux quartiers.

Bref, Paris n'est pas le paradis que j'avais rêvé. J'ajoute que ce n'est pas vraiment Paris, puisque c'est la banlieue, Villeneuve-la-Garenne.

Patricia me laisse ses filles pour aller au travail, je garde les enfants, je les nourris, je tiens la maison, une vraie fée du logis.

D'après les assistantes sociales qui me conseillent, la nationalité française qu'aura Patrick, mon fils né à Paris, devrait faciliter ma régularisation. Dans mon malheur, j'ai la chance d'être comprise et épaulée. J'aurais pu mal tomber. Mais jamais je ne suis jugée ni regardée de travers par ces femmes engagées dans l'aide sociale aux plus démunis.

Quelques mois plus tard, Patrick obtient ses papiers français, grâce au droit du sol. Le droit du sol garantit l'égalité, l'inclusion, la cohésion sociale. Sans droit du sol, replis identitaires et discriminations garantis.

Quant à moi, j'obtiens enfin mon titre de séjour auprès de la préfecture de Nanterre.

Quelle aventure !

Je festoie !

Malheureusement, la réalité me rattrape : faute de moyens, me voilà provisoirement établie chez la sœur de mon ami. Cette fois, c'est au Blanc-Mesnil, en Seine-Saint-Denis, à un jet de pierre du boulevard périphérique, non loin des anciennes fortifications Thiers. Et, comme si la vie consistait à passer d'une précarité à l'autre, je vis sans savoir de quoi le lendemain sera fait, sans pouvoir me projeter dans l'avenir. Une seule certitude, je ne vais pas pouvoir rester longtemps ici. Tout simplement parce que ce n'est pas chez moi.

Résolue à m'en sortir, je cherche du travail, n'importe quoi ; maintenant que je suis régularisée, mon horizon professionnel devrait s'élargir. Assez vite je trouve un poste, de ces fonctions que les Français délaissent bien souvent et qu'occupent les immigrés, en particulier ceux du Sud : garde-malade.

Ma malade est une personne âgée, quatre-vingts printemps, elle s'appelle Elizabeth, comme ma tante, et nous nous aimerons beaucoup, elle et moi.

11

Bonne nuit, mamie Elizabeth !

Pour être sûre d'être à l'heure, j'ai pris l'habitude de quitter la maison à 15 h 30, où je laisse Patrick sous la garde de mon ami, qui a le statut d'un oncle. Si ce n'est pas lui, c'est la sœur de celui-ci, c'est-à-dire sa « tante », qui prend soin de mon fils. Le bus m'amène à gare du Nord où je prends le métro. Une heure de transport. Comme j'arrive à Paris avec une demi-heure d'avance – pure précaution –, j'en profite pour faire du lèche-vitrines, uniquement du lèche-vitrines, car je n'ai pas les moyens de m'offrir les beaux vêtements que toutes ces marques plus prestigieuses les unes que les autres y exposent. Mes yeux seuls se régalent face à ces pulls en soie ou en cachemire, ces manteaux de laine, ces foulards, ces bérets en feutre noir.

Et ces bottes en cuir !

Si je pouvais économiser, je pourrais me les offrir dans… dix-huit ans ?

Cinq minutes avant 17 heures, je passe la lourde porte de l'immeuble d'Elizabeth. Un immeuble cossu. Chic et classe, tout ce qu'il y a de plus parisien, y compris la cour pavée de belles pierres que je traverse pour rejoindre l'escalier B, et grimper jusqu'au troisième étage. Elizabeth m'ayant confié sa clé, je la tourne dans la serrure et, après avoir franchi le hall d'entrée, je la trouve assise au salon.

L'air un peu mélancolique, elle me sourit et son visage s'éclaire.

Elizabeth est toujours contente de voir quelqu'un arriver. Et ce quelqu'un, hélas ou heureusement, c'est moi, et aussi la dame qui me relaie le matin.

– Bonjour, mamie ! Comment ça s'est passé la journée ?

Parfois elle dit « Bien », d'autres fois elle dit « Bof ». Elle me demande à son tour des nouvelles de ma famille. Comment va Patrick, Rachel ? Est-ce qu'il fait ses dents ? Est-ce que ce n'est pas trop dur de le voir si peu à cause de… à cause du travail ?

– Non, mamie ! Ça va ! Ne t'inquiète pas, je gère. Je vais même faire encore d'autres enfants.

Je lui prépare un repas pour le soir, quelque chose de tout simple, sans trop de sel à cause de la tension. Pendant que le dîner mijote, je l'accompagne à la douche. Ce n'est pas son moment préféré, mais l'atmosphère est enjouée, l'appartement revit, Elizabeth aussi.

– Allez, mamie, on va se doucher parce que là, vraiment… tu ressembles à une petite fille qui rentre de l'école toute crottée !

Ma plaisanterie la fait beaucoup rire. Elle apprécie ces moments de détente, elle n'a pas si souvent l'occasion de s'égayer. Pourtant, à quatre-vingts ans passés, Elizabeth est encore très ancrée dans la vie.

Seule la plupart du temps, elle a besoin d'attention, de rires et de mots, du bruit de la vie autour d'elle. En retour, elle m'apporte beaucoup. J'aime lui parler de ma famille, de mes parents que j'ai laissés là-bas, si loin, en Côte d'Ivoire. Et mon sacré grand-père, le tirailleur « sénégalais ». Un jour que, après la douche, je lui passe la serviette, je lui dis :

– Tu sais, mamie, la guerre, là ?

– La guerre ? Quelle guerre ? Il y a tellement de guerres, tu sais.

– Oui mais celle de 39-45 est vraiment spéciale.

– C'est vrai. Je l'ai vue, de mes yeux vue, celle-là. J'étais toute gamine mais c'est la première que j'ai vue… Sale guerre !

– N'empêche, mamie, mon grand-père, Okobe Komenan Marc Armand, il l'a vue aussi… et de très près : il a sauvé la France.

Un sourire amusé se dessine sur les lèvres d'Elizabeth.

– Oh mais c'est bien, ça, Rachel !

Évidemment, Papy n'a pas sauvé la France tout seul. Mais ma manière de présenter les choses lui plaît, parce qu'elle n'est pas très orthodoxe. Et puis parler des douleurs du passé en rigolant, cela lui fait du bien. On prend du recul par rapport aux événements tragiques. De loin, on les dédramatise, on arrive à exprimer un tas de choses.

Elizabeth me raconte ainsi sa traversée de la guerre, comment sa propre famille y a perdu des plumes, beaucoup. Tous ces morts pour rien. Et, oui, elle a entendu parler des tirailleurs sénégalais. À sa grande surprise, elle découvre par ma bouche qu'ils ne venaient pas tous du Sénégal.

– Comment ça, les tirailleurs sénégalais n'étaient pas sénégalais ?

– Certains oui, tante Elizabeth, mais pas tous ! Mon Papy par exemple.

Brusquement, elle se crispe :

– Est-ce que tu viens de m'appeler *tante* Elizabeth, Rachel ?

– Oui, tante Elizabeth, pourquoi ?

– Pourquoi tu m'appelles tante Elizabeth, tout à coup ? Alors je ne suis plus *mamie* Elizabeth ? Depuis quand je ne suis plus ta mamie, Rachel ?

J'éclate de rire.

– C'est parce que ma tante s'appelle Elizabeth aussi, Elizabeth ! Des fois, je confonds, pardon !

– D'accord… mais enfin soit c'est *tante*, soit c'est *mamie* ! s'indigne-t-elle, blagueuse.

– Dans ce cas, ce sera mamie ! Ça te convient ?

– Parfait. Donc… revenons à nos tirailleurs.

– C'est bizarre, hein, cette histoire de Sénégalais ?

– À qui le dis-tu, Rachel ! À qui le dis-tu ! Des fois, j'ai l'impression qu'on nous raconte un peu n'importe quoi. À la télé… dans les livres d'histoire… Les hommes politiques aussi. N'importe quoi ! À nous tous. On nous fait tourner en bourrique, tu vois ?

– Je suis bien d'accord, mamie Elizabeth…

Voilà mamie propre comme un sou neuf et toute sèche. Franchement, je suis contente de moi et mamie s'enchante de sa bonne odeur de gel douche (parfum vanille). Mais ses cheveux ne ressemblent à rien. Elle est tout ébouriffée. Je prends un peigne à larges dents, je me poste derrière elle et je me fais un plaisir de lui démêler la tignasse, de la coiffer. Comme par le passé, au Bateau, ou lorsque je coiffais ces messieurs-dames de Château-Rouge, le coiffage est un moment privilégié pour les échanges et les taquineries. Elle parle, une vraie pipelette, et nous rions beaucoup toutes les deux. Je la câline aussi, beaucoup. Elizabeth apprécie particulièrement que je lui masse le crâne. Elle ronronnerait presque, comme un chat.

– Dis donc, mamie, tu ne m'as pas vraiment raconté ta journée…

Son visage s'assombrit. Je le sais, elle n'a pas grand-chose à raconter, parce que ses journées sont assez vides. Jamais je n'ai vu ses enfants venir la visiter. J'en ai bien conscience, la question que je lui pose est délicate, voire douloureuse. Mais je veux lui donner la possibilité d'exprimer sa tristesse, s'il y en a, ou sa colère. Ce jour-là, elle ne dit rien. Le chagrin reste à l'intérieur.

Nous quittons la salle de bains et elle s'installe à table dans la salle à manger, pendant que je vais lui préparer son assiette à la cuisine. Je la sers, reste un moment auprès d'elle, puis la laisse manger pour faire un peu de ménage. Ensuite je débarrasse, fais la vaisselle, et avant le coucher on joue… au chat et à la souris.

Elizabeth me poursuit dans tout l'appartement parce que je lui ai piqué son mouchoir, son pyjama, une tasse, n'importe quoi qu'elle s'amuse à me reprendre en pouffant de rire.

Maintenant, au lit.

De tout mon cœur, je lui souhaite une bonne nuit parce que je sais combien les nuits sont difficiles pour elle.

Je me couche dans la chambre voisine et je suis heureuse de sentir à quel point ma présence à ses côtés la réconforte. Cette nuit, elle dormira presque bien, le mieux possible, parce qu'il y a, tout près d'elle, le souffle d'un autre humain.

La nuit passe et voilà, déjà 6 h 30 du matin. Je me lève avant elle pour lui préparer son petit déjeuner. Elle sort du lit à 7 heures, le visage tout brouillé de sommeil et les cheveux dans un état…

On s'embrasse.

– Bien dormi, mamie ?

– Ça va, Rachel… ça va… Et toi ?

– Moi je dors toujours bien !

Je m'assieds près d'elle pour l'accompagner dans son petit déjeuner. Elle a retrouvé son petit air mélancolique de la veille : elle n'aime pas que je parte. Mais elle ne passera pas sa journée seule : à 8 heures, celle qui me remplace arrive. Nous nous embrassons, Elizabeth et moi, et je repars au Blanc-Mesnil, où je retrouve bébé Patrick.

La plupart du temps je ne le vois pas.

Sauf les week-ends.

Il me manque énormément.

Raison pour laquelle je finirai par arrêter de m'occuper d'Elizabeth au bout d'un mois seulement.

Avec regret !

Je l'ignore encore, mais je suis enceinte de Marie.

12

Un abri pour tous

C'est quelque chose de ne pas voir ses enfants parce qu'on s'occupe de ceux des autres, ou de personnes fragiles.

Je vois souvent ces femmes qui promènent et soignent des enfants ou des vieillards qui leur sont très attachés. Ils sont à la sortie des écoles, dans les parcs, au pied des immeubles des beaux quartiers. Je ne peux pas m'empêcher de penser que les choses n'ont pas tant évolué depuis l'époque où, dans l'Amérique ségrégationniste, dans l'Afrique et l'Asie coloniale, dans les territoires d'outre-mer, les enfants, les vieux ou les malades étaient confiés aux femmes noires ou aux colonisées. Et du jour où ils devenaient adultes, ou mouraient, ou guérissaient, toutes les barrières raciales et sociales étaient restaurées.

Ces femmes, que je croise parfois dans la rue, elles sont comme j'étais : tout en bas de l'échelle sociale, à prendre le premier boulot qui veut bien se présenter à elles, parce qu'elles n'ont pas *le choix*.

En ce début d'année 2002, je tente un nouveau job, caissière en supermarché. Il faut bien vivre, il faut bien se nourrir, alors j'entre chez Aldi, vous savez, le discounter allemand ? L'ambiance de travail n'est pas désagréable et je m'entends très bien avec toute l'équipe, mais les horaires ne me permettent toujours pas de voir mon fils. Sans compter que je suis enceinte, de Marie.

Quand vous embauchez dans un supermarché, qu'il faut faire les inventaires avant l'ouverture du magasin, on ne se préoccupe pas de savoir comment vous faites avec les enfants, on se moque de savoir si vous avez une nounou ou un papa poule qui peut assurer en votre absence.

Démerdez-vous.

D'accord, mais où mettre les enfants ?

Comment je fais quand Patrick est malade ?

Je ne souhaite pas que mes absences causent du tort à mon employeur. Peut-être a-t-il besoin d'autres profils, disponibles à plein temps ? Parce que je ne me vois pas continuer à abandonner mon enfant de 5 heures du matin à 8 heures du soir.

Prendre un boulot de garde d'enfants ? Faites ça et un jour des politiques demanderont à ce qu'on vous retire les allocations familiales parce que vous avez laissé vos propres enfants sans surveillance.

Bref, je devrai changer d'emploi plusieurs fois avant de trouver un métier qui me permette d'être mère. En attendant, je dois de nouveau déménager. La sœur de mon ami ne peut pas nous héberger toute la vie ; la cohabitation dans son appartement du Blanc-Mesnil est difficile. En plein hiver, je dois quitter ce logement à la suite d'une mésentente si forte que la nourriture de Patrick m'est jetée à la figure, par la fenêtre.

Je me retrouve dans un hôtel social à Château-Rouge. Là, j'ai vent d'un squat à Vitry-sur-Seine. Je me jette sur l'occasion : je squatte.

Me voilà donc vitriote, du nom des habitants de Vitry-sur-Seine, charmante commune située dans le département du Val-de-Marne. La Marne est une jolie rivière, la plus longue de France, et aussi le principal affluent de la Seine. Sa vallée comporte de nombreuses villes, dont Vitry, Île-de-France, quatre kilomètres au sud de Paris. Une porte, la Porte de Vitry, sépare ma nouvelle ville de la capitale. De ce que j'en sais, Vitry a près de 100 000 habitants, et a longtemps été dédiée à la culture du lilas. Depuis les années 1920, elle a été administrée par le parti communiste, toujours aux manettes de la ville. Sauf bien sûr pendant la Seconde Guerre mondiale. Donc, me voilà vitriote, pas vraiment par choix, et me voici aussi squatteuse, malgré moi.

Je vais m'inscrire au DAL, Droit au logement, une association auprès de laquelle non seulement je prends des conseils mais je m'engage.

Je suis là, non loin de l'Assemblée nationale lors de l'une de ses manifestations, mais à l'époque je l'ignore.

Je me construis. Certains d'entre nous naissent construits, ou plutôt se construisent grâce à un milieu socio-culturel enrichissant. Résultat, ils se retrouvent tout naturellement dans les meilleures écoles et les bons réseaux. D'autres se construisent plus tard, ils grimpent dans l'ascenseur social et font de bonnes études, qui leur permettent de se raccrocher aux bons réseaux. D'autres enfin arrêtent l'école au CM2... Ceux-là sont des Rachel. Et les Rachel manifestent devant l'Assemblée nationale sans savoir ce que c'est. Les Rachel se construisent aussi, mais sur le tard, voire sur le très tard.

Donc manifestation sur cette grande place piquée de tentes à l'effigie du DAL. Militante parmi les militants, j'offre du café et je revendique le droit au logement, la baisse des loyers, un abri pour tous.

Que tout le monde ait un toit sur la tête devrait être naturel, non ?

Apparemment pas.

Notre société marche sur la tête.

Que les gens dorment sur les trottoirs ou meurent dans la rue me paraît suffisant pour déclencher une révolution, non ? Ça me révolte. Mais bien sûr, je ne vais pas faire la révolution à moi toute seule.

Mon assistante sociale m'alerte, je risque une expulsion du squat dès la fin de la trêve hivernale. On vous laisse tranquille pendant les mois les plus frais de l'année, et dès le printemps on vous déclare la guerre. J'appréhende ce moment même si je suis prête à me battre, serait-ce avec les dents.

Et quelques jours avant Noël, la petite sœur de Patrick voit le jour. Marie Christine Eulalie est ainsi nommée en hommage à ma chère mère disparue.

Nouveau boulot, celui dont je ne voulais pas : garde d'enfants. C'est un passage obligé quand vous êtes une femme noire sans papiers ou tout juste régularisée.

Les horaires ne m'arrangent pas. Si encore je pouvais m'offrir une nounou à Vitry pour exercer le métier de… nounou à Paris… Mais impossible. C'est une tante qui se charge de garder mes enfants, encore tout petits.

Je me lève avant le jour. Me lever tôt ne me dérange pas, j'ai l'habitude depuis l'enfance. J'attrape le métro et j'arrive à Paris sur le coup des 8 h 30 (au plus tard) où je prends le relais de la maman (la garde des enfants n'est pas le problème du papa). Parfois je prends le relais d'une jeune fille qui s'est chargée de déposer les grands à l'école et qui fait prendre l'air au bébé dans une poussette en attendant que j'arrive.

Je travaille dans le VIIe arrondissement chez une famille qui me traite correctement. Leur enfant n'ayant que sept mois, je fais le ménage et le repassage quand il dort. Ma journée s'achève à 18 h 30. Plus le temps d'arriver à la maison… Les journées de travail finissent toujours trop tard pour que je puisse m'occuper correctement de mes propres enfants. Je laisse aux mères qui me lisent imaginer la charge mentale que ça représente.

Pour la réduire, j'appelle mes petits plusieurs fois par jour au téléphone.

– T'es où ? T'es où ? T'es où ? répète Patrick de sa petite voix.

J'explique que je *travaille*.

– Promis, je rentre bientôt !

J'entends leur inquiétude au bout du fil, dans leur silence et dans leur souffle un peu rauque. C'est vrai qu'ils sont petits. Marie est un nourrisson, elle ne parle pas encore, mais Patrick baragouine. Sans cesse, il dit : T'es où ? T'es où ? T'es où ?

Difficile pour lui de concevoir que maman n'est pas près de lui alors que dehors il fait nuit. Difficile pour lui de comprendre que maman ne sera pas près de lui quand il ira se coucher. Qu'elle ne sera déjà plus là demain quand il sortira de son lit. À deux ans et demi, il n'a pas la notion du temps : c'est comme si j'étais toujours partie. Alors d'entendre ma voix le rassure, un peu.

– Ne t'inquiète pas, je vais venir, papa est là, tata est là.

Heureusement, les enfants ne pleurent pas en mon absence. Mais quand ils me voient le week-end… ils me sautent dessus tant ils sont contents de me retrouver. Eh non, je ne vous ai pas abandonnés !

Je prends Marie sur mon dos, comme au pays, je mets Patrick sur mes pieds, on s'amuse, ce sont des moments tendres, ensuite je leur fais à manger, je leur donne la douche, puis au lit !

Je dors avec eux. Ils adorent cela ! Nous rattrapons le temps qu'on n'a pas passé ensemble.

La plupart du temps, je laisse mes enfants sous la garde de leur tante. Mais elle-même a des obligations personnelles, ou professionnelles. Elle n'est pas toujours en mesure de me dépanner.

– Tu sais, Rachel, demain je travaille, je ne pourrai pas rester avec les enfants.

Et moi d'appeler la patronne pour lui dire que je ne peux pas garder son bébé parce que personne ne peut garder mes enfants.

J'arrête.

13

Femme de chambre ou rien

D'un naturel sociable, j'ai lié connaissance avec une dénommée Missata. Missata a un excellent travail dont elle veut me faire profiter. Elle m'en parle ; le métier s'appelle femme de chambre. Jamais entendu parler…

– Femme de chambre ? C'est quoi, femme de chambre ? Elle reste dans la chambre de qui ? Pour faire quoi ?

– Non ! C'est quand tu travailles à l'hôtel… tu nettoies, tu fais les lits… tout ça.

– Ah ! Tu veux dire ménagère ?

– Oui, c'est ménagère. Mais ici on dit femme de chambre. Et dans les hôtels, femme de chambre.

Intriguée et intéressée j'aborde sans tarder la question du temps :

– C'est quels horaires ?

– Tu commences à 8 h 30 en semaine. 9 heures le week-end.

– 8 h 30 !

Jamais vu ça. J'ai dû mal entendre. Pourtant, elle confirme :

– Oui, 8 h 30 en semaine ! Tu as le temps de déposer tes enfants à la garderie avant, non ?

– J'ai pas de place à la garderie parce que j'ai pas de domicile. Mais 9 heures… c'est chouette, dis donc !

– Oui mais attention, c'est du travail, hein ! Mais au moins, après quand tu as fini, tu as fini.

– Mais tu as fini à quelle heure ?

– 18 heures, Rachel.

– 18 heures ? 18 heures ! C'est faux…

– Je te jure ! 18 heures, tu as fini, fini. Tu as le temps de retrouver les enfants. Tu vois, non ?

– Oui ! Il faut que j'aille voir.

C'est comme ça que je suis allée voir.

Missata me pistonne chez Sin&Stes, pour ce métier dont rêvent toutes les petites filles. Pour la première fois, j'ai la possibilité de signer un contrat à durée indéterminée avec une société de sous-traitance, et ce qui est sous-traité, c'est le ménage, justement, le ménage dans les hôtels.

Ce ménage qu'on confie plus volontiers aux femmes précaires et immigrées.

Faute de mieux, les chambres du Novotel d'Issy-les-Moulineaux sont donc confiées à des femmes telles que moi, et à une dizaine d'autres femmes précaires et/ou immigrées. Comme Nafissatou Diallo. Vous vous rappelez, Nafissatou Diallo ? L'affaire DSK ? Le droit de cuissage exercé sur les femmes de ménage par une aristocratie moderne ?

J'ai moi-même été victime d'attouchements.

Un jour, je frappe à la porte d'une chambre en disant :

– Service de ménage !

Le client ouvre la porte, en slip. Sans me démonter, je dis :

– C'est pour faire la chambre, monsieur.

Et il me touche le sein. D'autres bonshommes vous exposent leur sexe, d'autres encore vous proposent de coucher avec eux.

Mais je n'ai pas encore connaissance de ces dérives.

Embauchée à l'essai, je découvre les matelas à mémoire de forme, les draps de vingt-sept centimètres de bonnet…

Franchement, je ne suis pas mécontente de la chance qu'on me donne : un mois d'essai et, si je réussis, j'aurai un vrai travail. Merci à tous ceux qui négligent ce genre de boulot parce qu'il est indigne d'eux, mais pas des autres. En ce qui me concerne, les horaires me conviennent et la problématique « garde de ses propres enfants » s'arrange : Patrick entre à l'école et Marie est admise dans une crèche. Tout est pour le mieux dans le meilleur des mondes ?

Pas tout à fait.

Je dois passer cette période d'essai à tout prix.

Les journées de travail commencent à 8 h 30. Pas de problèmes, j'ai l'habitude de me lever à 4 heures du matin et s'il faut aller puiser de l'eau au puits comme en Côte d'Ivoire, j'irai avec mon seau sur la tête.

Autant dire que quitter le squat à 7 heures du matin, ce n'est rien, surtout pour rallier Issy-les-Moulineaux. Et dans les transports en commun que je n'ai jamais eus à Abidjan... quel luxe !

Une fois arrivée à l'hôtel, les choses se compliquent : dès mon premier jour, la gouvernante me donne vingt chambres à faire dans la journée. Vingt chambres, je ne sais pas si vous vous rendez compte. Jamais de ma vie je n'ai fait vingt chambres d'affilée, qui plus est dans un hôtel dont la clientèle exige un niveau de service qui m'échappe un peu.

C'est la panique.

Comment vais-je réussir à finir vingt chambres avant 18 heures ? Est-ce qu'elles seront propres comme il faut ? C'est vrai, je suis relativement maniaque de la propreté mais... débutante, je n'ai aucune idée de la méthode à suivre et du niveau de propreté et de rangement qui m'est demandé. J'improvise, et pour bien faire, je prends mon temps.

Trop de temps.

Le temps, c'est de l'argent.

La gouvernante me surveille d'un œil perplexe. Si je continue comme ça, il faudra me remplacer par quelqu'un qui sait comment on fait les chambres. Car une chambre d'hôtel, ça ne se fait pas n'importe quand, et ça ne se fait pas non plus n'importe comment.

Non mais, Rachel, tu as vu la tête de ton lit ?

Et de la table de chevet à côté du lit ?

Comment est-ce que tu m'as plié les serviettes dans la salle de bains ? En plus tu mets les petites sous les grandes ? Ton verre à dents n'est pas fait ! On t'a dit *un* flacon de gel douche ! Tu en as mis deux, tu imagines ce que ça coûte à l'hôtel ? Rachel ! Tu as oublié de remplacer les sachets de thé noir ! Rachel ! La bouilloire ! Tu n'as pas vidé la bouilloire !

Et je n'ai pas non plus passé le chiffon correctement sur l'écran du téléviseur. Un écran XXL. On me signale aussi la télécommande, où une miette de pain s'est incrustée. Je me défends du mieux possible auprès de ma gouvernante en chef :

– Écoutez, oui, madame, c'est vrai que je suis lente. Laissez-moi le temps d'apprendre, ça va venir, ça va venir !

Juré, craché, si je mens, je vais en enfer.

Heureusement, je peux compter sur mon amie Missata, qui m'a introduite dans le milieu. En trois jours, Missata m'initie aux règles du ménage hôtelier. J'apprends à faire mes vingt chambres dans les temps. Correctement. Je n'oublie plus de vider la bouilloire, je ne suis plus trop généreuse en gel douche et je deviens moins radine en thé noir. Plus aucune miette ne m'échappe ! Et la poussière tremble à mon approche.

Un mois plus tard, le 4 avril 2003, j'arrive au bout de ma période d'essai.

Examen réussi : je suis docteure en ménage, un doctorat d'État.

Conséquemment, je signe un vrai contrat avec Sin&Stes, le contrat rêvé parce que, normalement, il est régi par le droit du travail. Le droit du travail est un ensemble d'articles de loi qui vous protègent d'un certain nombre d'abus.

Normalement, le droit du travail et le contrat de travail sont des choses tout à fait extraordinaires. En tout cas, à ce moment-là, moi, j'y crois.

Quel soulagement !

Je suis si heureuse de l'annoncer à l'assistante sociale. Elle me l'avait expliqué, le CDI est un sésame qui permet de déposer une demande de logement social. En d'autres termes, j'ai la possibilité de ne plus être squatteuse malgré moi. Avant, il m'était tout juste permis de rêver à un appartement bien à nous, un lieu où vivre en toute légalité, avec les enfants. Maintenant, c'est à portée de main.

Presque à portée de main.

Parce que le salaire est encore trop bas… trop bas pour espérer convaincre un propriétaire, ou un bailleur social, de me louer quoi que ce soit.

Combien je gagne ? 500 euros. Avec toutes les chambres que je fais ? Je ne comprends pas. Vingt chambres par jour que je multiplie par vingt-deux jours par mois font quatre cent quarante-quatre chambres.

Faites les comptes, je suis payée à peine plus d'un euro la chambre. Faire les comptes amène d'autres questions : par exemple, je m'aperçois que le contrat parle d'heures de travail. Je n'y avais pas prêté attention, en le signant, parce que je suis comme tout le monde : d'abord, j'ai tendance à faire confiance, et ensuite la signature d'un contrat est si réjouissante qu'on le lit juste en diagonale.

Mais là, l'émotion des premiers jours est retombée, je lis enfin mon contrat correctement et quelque chose cloche : ce que je lis laisse penser que je devrais être payée à l'heure… alors qu'en vrai je suis payée à la chambre.

Pourquoi ? Parce qu'en me payant à la chambre je reviens moins cher ?

Mais non, voyons. Pourquoi un employeur voudrait-il faire de l'argent sur mon dos ? Pourquoi aurait-il besoin de me tondre alors qu'il gagne probablement dix fois mon salaire ? Pardon… vingt fois !

Je deviens soupçonneuse.

Ainsi, je m'étonne que Sin&Stes me demande de noter, dans un carnet que me remet la gouvernante, le nombre de chambres que j'ai faites. Bon sang… c'est donc bien qu'ils me payent à la chambre.

Je me fais avoir !

J'ai à peine le temps d'en prendre conscience que Sin&Stes perd son contrat de sous-traitance avec Novotel. Je ne perds pas le mien. En mai de la même année, je suis mutée à l'Ibis des Batignolles, dans le XVIIe arrondissement. J'y suis bien plus efficace et j'ai tout intérêt à l'être.

Cet Ibis compte pas moins de sept cents chambres, il est le deuxième plus grand hôtel Accor de France et d'Europe. Mais le métier rentre. Je perfectionne l'art du ménage. Nous sommes des Invisibles, les domestiques qu'on ne voit pas, qu'on ne regarde pas, comme s'ils n'existaient pas. Mais je ne ressens pas encore l'usure physique et psychologique. Bien que ma journée commence à 8 heures, donc un peu plus tôt qu'au Novotel, à 17 heures j'ai terminé, je rentre à Vitry-sur-Seine, j'ai même le temps d'aller récupérer Patrick à l'école !

Enfin, je peux passer plus de temps avec mes enfants. Nous sommes en 2003, ils ne sont que deux à l'époque, Patrick et Marie. Niveau salaire, je stagne, et parfois je dégringole : sans que j'arrive à l'expliquer, ma fiche de salaire passe tout à coup à 400 euros. Je m'en remets à ma responsable, qui reconnaît l'erreur aussitôt :

– Ah oui, tu as raison ! Écoute, Rachel, on te fait un rattrapage le mois prochain ? D'accord ?

– OK… Bon. Merci.

Or le mois d'après, rien. Mon employeur oublie la régularisation. C'est vrai qu'ils ne doivent pas avoir beaucoup l'habitude d'être rappelé à l'ordre par les femmes de chambre. Pourquoi les femmes de chambre demanderaient-elles justice ?

Et pourquoi la justice ne demanderait-elle pas mon expulsion du squat ?

Après tout, je suis squatteuse.

Encore et toujours illégale !

14

Patience et combat, mères des vertus

6 heures du matin ce jour-là quand de grands coups sont frappés à la porte du squat. Le ciel est gris, la pluie bat aux fenêtres, l'atmosphère de ce début de journée est effrayante, à l'image du programme de la journée : la police vient nous expulser. J'ai été très bien briefée à ce sujet, merci à l'association Droit au logement. Le DAL m'a assuré de sa présence le jour de mon expulsion.

Solidement accompagnés, j'imagine d'un huissier de justice et d'agents de la préfecture, les policiers débarquent et, sans perdre de temps, nous ordonnent de débarrasser le plancher :

– Prenez tout ce que vous devez prendre et sortez !

Marie, six mois, dort emmaillotée dans mon dos. Patrick se jette dans mes bras. À deux ans et demi, il n'a jamais assisté à une scène pareille, dont se dégagent beaucoup de tension et une forte inimitié à notre égard.

Je n'ai pas le choix, il n'y a pas lieu de lutter, je suis dans mon tort. Alors je rassemble autant d'affaires que possible ;

plusieurs allers-retours de l'étage au rez-de-chaussée me sont nécessaires pour descendre nourriture, vêtements, vaisselle, linge de lit, produits de toilette, tout ce que je peux !

Expulsion express.

Moins d'une heure après, je me retrouve sur le trottoir avec un Patrick apeuré dans ma main droite, et une Marie toujours accrochée dans mon dos. Nous sommes officiellement des sans domicile fixe. À mes pieds, un gros sac contient tout ce que j'ai pu prendre. Encadrée de trois représentants du DAL, je me rends à la préfecture de Créteil pour obtenir une solution de logement : un toit, c'est un droit, tel est le credo du DAL, et je ne vois pas comment on ne serait pas d'accord avec eux…

Nous marchons sous la pluie d'un pas déterminé et, bien que le ciel soit gris, la température est agréable. Des regards réprobateurs se posent sur mes enfants et sur moi, mais je n'ai pas honte. Je n'aurai jamais honte de demander à ce que mes droits soient appliqués. N'ayez jamais honte, ne vous laissez jamais intimider par ceux qui vous opposent toujours qu'il y a des droits et des devoirs. Oui, il y a des devoirs. Comme moi, vous les remplissez amplement, au travers des cotisations et des taxes dont vous vous acquittez, au travers des lois qui nous encadrent et auxquelles vous êtes soumis, et par votre simple appartenance à la communauté humaine.

Voilà, vous avez le droit d'être traités dignement, et en toutes circonstances.

Nous arrivons à la préfecture une bonne heure plus tard, longeons de grands couloirs qui desservent de nombreux bureaux, petits mais inquiétants. J'essaie de ne pas me laisser impressionner. Intérieurement, je me répète les arguments qui seront appuyés par les bénévoles du DAL qui m'accompagnent : trop de logements vacants en France, droit au logement pour tous. Et pour moi, la mère isolée, régulièrement immigrée, régulièrement exploitée par un employeur tout ce qu'il y a de respectable.

J'ai beau me donner du courage par l'autosuggestion, je n'en mène pas large. Si on regarde les choses en face, je n'ai simplement nulle part où aller. Vais-je finir par devoir me bricoler un abri de fortune sous les ponts ?

Enfin nous entrons dans le bureau d'un directeur, bien entendu sans rendez-vous. J'en conviens, c'est très malpoli. Beaucoup de monde nous précède : des gens du DAL, mais aussi d'autres associations, des enfants, des adultes, tous fraîchement expulsés.

Ça en fait du monde. On n'imagine pas comme ils sont nombreux, les expulsés. C'est bien que quelque chose ne fonctionne pas dans nos sociétés, non ?

Le monsieur qui nous reçoit n'est pas méchant, même s'il appelle immédiatement la police pour nous déloger de son bureau. Bon, c'est son droit, on ne va quand même pas le lui reprocher. En effet, nous ne figurons pas dans son agenda. Nous ne sommes pas attendus. Mais franchement, à supposer qu'on lui ait demandé rendez-vous, aurait-il accepté de nous recevoir ?

Un directeur dans une préfecture serait aussi abordable ?

Je n'y crois pas une seconde.

Je m'efforce d'afficher un visage impassible et je me campe là, au milieu de la pièce où je commence à manger avec les enfants parce qu'il est déjà midi.

Sitting à la préfecture.

La police, celle-là même qui vient de nous expulser, rapplique à la vitesse de l'éclair pour mettre tout le monde dehors.

Deuxième expulsion de la journée, mes enfants sont en larmes, je suis en larmes, je pousse des hurlements qui n'empêchent pas les policiers de m'attraper par les poignets pour, de force, me sortir de là. Un peu comme si nous étions du bétail, vous voyez, des animaux récalcitrants.

Or tout à coup, le directeur semble pris de compassion. Je ne sais pas, la violence de la scène qui se déroule sous ses yeux lui est intolérable. Peut-être a-t-il une conscience plus grande que je m'étais imaginé. Peut-être a-t-il du mal à supporter le traitement qu'on inflige, devant lui, à des êtres humains. Peut-être aussi ne l'aurait-il pas supporté s'il s'était agi d'animaux. Nous sommes tous des êtres vivants. Levant subitement la main, il fait signe aux policiers d'arrêter, et demande à ce qu'on nous relâche.

Les policiers lui obéissent immédiatement, c'est saisissant comme ils obéissent, au doigt et à l'œil. Ils restent là, mains croisées derrière le dos, si je puis dire, tandis que le directeur décroche son téléphone et compose un numéro. Peut-être le 115, censé venir au secours des personnes en situation d'urgence sociale. En tout état de cause, des urgentistes sociaux arrivent peu après et nous conduisent, les enfants et moi, dans un hôtel face à la gare de Choisy-le-Roi. Il n'héberge que les femmes et les enfants, nous y logerons donc sans le père de mes enfants, qui se débrouillera tout seul. Le jour de l'expulsion, il n'est pas là : sans papiers, il ne peut pas prendre le risque de se confronter à la force publique !

L'hôtel de Choisy, c'est du provisoire. Un provisoire qui durera deux mois.

Comme souvent concernant les hébergements sociaux d'urgence, cet hôtel ne convient pas. Non pas que je sois fine bouche, mais je pense que tout un chacun devrait pouvoir se loger de manière à pouvoir organiser sa vie personnelle et professionnelle avec sérénité. Autrement dit, ce n'est pas parce que vous êtes femme de chambre, précaire ou immigré qu'il faut accepter d'être la dernière roue du carrosse. Ou qu'il ne faut pas avoir d'exigences.

En l'espèce, cet hôtel est trop éloigné de mon lieu de travail, de l'école de Patrick et de la garderie de Marie. Il me rend la vie impossible. Je n'ai pas l'intention de faire long feu dans cet endroit : il me faudra encore déménager.

Je passe le mot à des amis. Dites autour de vous que Rachel et ses deux enfants cherchent à se loger, contre loyer modique ou services. Le message circule et le bouche à oreille donne un premier résultat. Une proposition m'arrive de la part d'un monsieur qui dispose d'une chambre à louer dans un appartement de quatre pièces, à Vitry-sur-Seine. Aussi étonnant que cela puisse paraître, la nouvelle est excellente : une seule chambre nous suffira amplement à Patrick, Marie et moi. Il m'est déjà arrivé de dormir sur une natte ou un morceau de pagne avec une flopée de frères, de sœurs et de cousins alors, franchement, une chambre pour trois, c'est grand luxe.

Entre-temps, j'ai renoué avec le chant… Je me suis inscrite à African Bach Christi, une chorale associative mêlant le gospel aux chants traditionnels africains. Cette chorale offre ses services dans des mariages, des baptêmes, différentes animations artistiques. Le chant est mon exutoire, tous les dimanches, répétition.

Mon engagement dans la chorale et le simple fait de chanter me redonnent du courage pour la semaine, assez pour me battre et avancer avec l'aide de l'assistante sociale, celle que je connais bien, sur le secteur de Vitry-sur-Seine. Comment pourrais-je offrir une situation plus stable à mes enfants ?

L'assistance sociale se creuse la tête pour moi : elle le sait, je travaille, j'ai mes papiers. Je la vois à plusieurs reprises, et chaque fois je lui rappelle ma situation. Elle a tant de dossiers à traiter. Alors je lui rafraîchis toujours la mémoire, avec aussi ce besoin de me justifier, comme si ça pouvait faire avancer les choses. Oui, madame, j'ai mes papiers, un travail, deux enfants. Je suis toujours mère célibataire, pour ainsi dire. Je suis une battante depuis avant ma naissance. Je crois que je tiens ma combativité de ma mère, que j'adorais, et qui est morte quand elle n'avait que trente-deux ans. C'est aussi pour elle que je me bats. Je lui dois bien ça, me battre pour exister. J'espère que ma mère est fière de moi depuis là où elle est. Elle qui n'aimait pas que j'aille danser dans les bars, elle qui s'inquiétait tant de mon avenir, elle qui aurait voulu que j'aille plus loin dans les études que le CM2… Je serais si heureuse qu'elle voit comme je me bats ! Bref… Est-ce que je ne suis pas en droit d'obtenir un logement social ?

– Si, bien sûr que si, me certifie l'assistante sociale.

Elle et moi sommes sur la même longueur d'onde, qui est aussi celle du DAL. J'en suis réconfortée. Quand une partie du monde vous est hostile, trouver des alliés est essentiel, découvrir des gens qui sont de votre côté vous aide à continuer d'espérer. Vous n'êtes pas seul. En réalité, vous n'êtes jamais seul. Il faudrait ne pas l'oublier. La solidarité n'est pas un vain mot, même si elle est parfois difficile à débusquer.

En confiance, je sors la photo de mon grand-père de mon sac et je la montre à l'assistante sociale, qui s'en émeut, beaucoup.

– C'est votre grand-père ?

Elle me pose la question sur le ton de la connivence, et elle sourit, parce qu'il est beau, Papy, dans son uniforme militaire.

– Oui, c'est lui.

Sur le ton de la confidence, je lui raconte :

– Il a combattu ici mais, je ne sais pas, il n'a pas été reconnu. La guerre qu'il a faite, les combats qu'il a menés… rien !

La travailleuse sociale en a presque les larmes aux yeux. Sa motivation à me sortir de la merde – désolée, il n'y a pas de mot plus juste – s'en trouve décuplée.

Elle prend mon dossier très, très au sérieux : ce n'est pas juste un dossier avec un numéro. C'est une histoire de vie, voire de survie.

– Écoutez, prononce-t-elle d'une voix déterminée, envoyez-moi vos papiers, les extraits d'actes de naissance de vos enfants, les fiches de paie…

– Je ne touche que 500 euros par mois, vous savez.

Un soupir lui échappe. Elle est scandalisée :

– Bon, en attendant mieux… on va tout faire pour vous trouver un foyer. Comme ça, vous n'aurez qu'une participation de 150 euros par mois. Ça ira ?

– Il va bien falloir que ça aille, oui !

Ainsi, après tonton Patrice, le logement de Patricia, la solution d'Aimée, le retour chez Patricia, le squat de Vitry-sur-Seine, l'hôtel face à la gare de Choisy, et la chambre dans le quatre pièces – tout ça en deux ans de temps –, je repars dans un foyer pour mères seules.

Devinez quoi ?

Je n'y resterai pas.

Et enfin, en 2006, après six ans de galère, la vie et les services sociaux m'amènent à Villeneuve-Saint-Georges. C'est toujours l'Île-de-France, c'est encore le Val-de-Marne. Après toutes ces années d'errance, j'atterris dans un logement social.

Veuillez croire que celui-là, je ne le lâcherai pas. Pas avant 2017…

15

On ne rigole pas avec les doudous

Après des années à cavaler, à courir après la survie, à chercher la possibilité d'un avenir, on s'arrête d'un seul coup pour s'ancrer dans le présent.

Essayez, pour de vrai, de courir très vite, très longtemps, et arrêtez-vous brusquement : vous allez perdre l'équilibre ; vous aurez le vertige et l'envie de vomir.

C'est à peu près ce qu'on ressent quand on trouve enfin un logement stable et durable.

On en éprouve cette espèce de vertige. Au fil des jours, des semaines, des mois, on va s'alourdir, avec des meubles, de la vaisselle, différents équipements… et puis plusieurs chambres sont à notre disposition, un salon nous est offert. Avant on s'entassait joyeusement dans la même pièce, avec un ou deux gros sacs qui contenaient nos vies.

Pour ceux d'entre vous qui vivent des situations « normales », ce serait comme si, du jour au lendemain, vous déménagiez de votre deux pièces cuisine pour emménager dans un château, avec écuries et dépendances. Et qu'en plus il fallait vous en occuper tout seul.

Ce nouveau toit solidement posé sur nos têtes, je peux enfin envisager un cadre pour élever mes enfants. Je peux même avoir d'autres enfants !

En cette année 2006, Patrick et Marie accueillent leur petit frère, Pierre-Elie. Bienvenue à lui dans notre foyer tout neuf, dans ce quartier où il fait bon vivre, croiser des voisins, tisser des liens, faire famille.

Les enfants se partagent une chambre, quel luxe de ne plus dormir avec ses parents ! Les parents se réservent la chambre dite parentale.

Financièrement, je ne roule pas sur l'or et le père de mes enfants non plus. Pour autant, notre situation est de loin préférable à celle de nos familles restées au pays. C'est ainsi que je me retrouve à les soutenir, en particulier mon frère aîné, Panel.

Avant mon départ de Côte d'Ivoire, en 2000, Panel a attrapé le paludisme. Cette maladie se soigne bien, si on la prend à temps. Malheureusement, mon frère ne s'inquiète pas à l'époque. Il n'est pas soigné alors, avant même que je ne parte, il est malade, « raisonnablement » malade.

On dit juste « C'est un palu ». Et puis le palu devient un « mauvais palu ». Panel se met à tousser. Certaines personnes vivent avec cette infection comme avec une maladie chronique, qui se manifeste par des fièvres occasionnelles. Mais parfois, de crise en crise, les symptômes s'aggravent. C'est ce qui arrive à Panel. Un jour au téléphone, il me dit :

– Rachel, ça me gêne beaucoup de te demander ça, mais j'ai une ordonnance de médicaments. Je ne peux pas payer. Est-ce que tu peux m'envoyer un peu d'argent ? C'est difficile pour moi, tu sais.

Sa voix m'inquiète, il semble déjà très diminué. Je lui envoie tout ce que je peux. Ce n'est pas grand-chose, mais c'est mieux que rien. Hélas, ça ne suffira pas.

En 2008, mon frère nous quitte. Il meurt à trente-sept ans, comme ça, comme rien. Je n'aurais jamais imaginé que mon frère disparaîtrait si vite. Il aura vécu cinq ans plus longtemps que notre mère. Ce n'est pas franchement une consolation. Encore une mort stupide, qui aurait pu être évitée.

Si, à l'époque, j'avais eu plus de moyens, si mon père avait lui aussi eu de l'argent, nous aurions pu sauver Panel. Maman, puis Panel… et bientôt une sœur. Pour elle aussi, j'enverrai de l'argent sans que ça suffise. Transportée à l'hôpital avec ce petit pécule, elle sera refoulée dès l'entrée.

– Désolés mais… non. On n'a pas de place.

Alors comme d'autres, ma sœur tentera un autre hôpital, et puis un autre, et encore un autre. Finalement, elle retournera chez elle pour mourir.

Je me souviens aussi de ce petit garçon, tombé d'un manguier. Tombé assis, il ne peut plus se relever. Il ne sent plus ses pieds. On s'est dit que, peut-être, c'était sa colonne vertébrale. En route pour l'hôpital qui, tout de suite, demande une somme payable d'avance. Pas d'argent. Alors le petit garçon est emmené chez le guérisseur.

Quelques jours plus tard, il meurt.

Dans son malheur, mon frère Panel aura eu plus de chance. Il aura vécu plus longtemps. Je n'ai pas pu me rendre aux funérailles. Enceinte jusqu'aux yeux, j'allais donner naissance à Séphora, mon cinquième et dernier enfant.

Séphora rejoint ses frères et sa sœur dans la chambre des enfants. Tant que les enfants sont petits, ça passe. Les derniers prennent peu de place dans leurs lits de bébés. Parfois Séphora dort avec papa et maman.

Passent les années, les enfants grandissent à toute vitesse, ils prennent de plus en plus de place, ils ont besoin de plus en plus d'espace. Séphora est trop grande, maintenant, pour dormir dans notre lit.

Bricoleuse, je leur fabrique des lits superposés. Un pour les filles, un pour les garçons.

S'ils s'entendent bien ? Ah… tout un poème. « Non, c'est à moi, touche pas ! », « Qu'est-ce que ton pyjama fait sur mon lit ?! », « Pourquoi tu as touché à mes affaires ?! », « Oh ! Tu as cassé ça ! ».

Prises de tête, prises de bec, comme souvent dans les fratries. Dans mon rôle de mère, je favorise autant que possible les moments d'entente et de complicité. J'essaie de leur inculquer le sens de la fraternité. Le soir, disons même… à la veillée je leur prodigue mes conseils :

– Entre frères et sœurs, on ne se dispute pas. On ne cultive pas de rancœurs. On tient l'amertume à distance. Et comment on fait, vous croyez ?

Bras croisés, ils haussent les épaules, certains d'entre eux boudent parce qu'il y a eu une fâcherie juste avant. Je reprends :

– On se parle ! C'est tout ! Ce n'est quand même pas compliqué de se parler.

– Si, répond Patrick, l'aîné. Des fois c'est compliqué.

– Vous êtes frères et sœurs… mais en même temps vous êtes des amis, non ?

Ils ne sont pas tout à fait d'accord, mais ils veulent bien faire de cette amitié un idéal vers lequel tendre. Ce défi consistera à faire en sorte que Pierre-Elie partage sa trottinette avec Séphora, même si « elle est à moi ! » et que Séphora ne s'isole pas tout le temps pour jouer avec sa poupée qui parle. Pourquoi cette poupée ne parlerait pas aussi à Patrick, Marie ou Pierre-Elie ?

Marie, elle, collectionne les doudous. On ne rigole pas avec les doudous, c'est très sérieux. Pourtant, là encore, j'essaie de faire en sorte que Marie ne soit pas trop exclusive. À l'exception d'un vieux lapin aux oreilles tombantes, celui qu'elle ne lâche jamais, je l'encourage à prêter ses peluches. Et rien ne me fait plus plaisir que de voir Patrick prêter son vélo.

Le par-tage !

Voilà comment grandissent mes enfants, dans le cercle familial avant tout autre milieu. Très rarement, ils dorment chez les copains, et entretiennent peu de contacts extérieurs finalement. Excepté à l'école. Résultats, ils se chamaillent mais ils sont soudés. Ce qui n'en rend pas moins la vie familiale compliquée, surtout quand les grands entrent dans l'adolescence.

Voyez Marie, maintenant âgée de douze ans, qui s'enferme dans la salle de bains le matin pour une longue, une très longue toilette. Les garçons attendent devant la porte, ils piétinent en se plaignant :

– Ah, celle-là ! S'habiller, c'est tout un problème !

Et Séphora, qui a sept ans ; assise sur son lit, elle crie :

– Maman ! Je vais être en retard à l'école !

Impossible pour elle de se laver avec Marie dans la pièce d'eau. Pas moyen pour les quatre d'utiliser, au même moment, la salle de bains.

– Non ! Faut pas me regarder ! Tu ne vas pas me regarder nu, pas question, je ne veux pas !

Beaucoup d'embrouilles, mais elles sont joyeuses.

Cette même année 2015, papa arrive en France.

Il profitera de son voyage pour se soigner. Des nouvelles que je reçois, j'ai compris qu'il était un peu malade.

Seulement, il est plus malade que je ne croyais.

16

Papa, quinze ans après

Quinze ans après sa fille, papa atterrit à l'aéroport Charles-de-Gaulle.

J'imagine son émotion, comparable à la mienne quelques années plus tôt. J'avais vingt ans, lui en a déjà soixante-sept, et c'est la première fois qu'il foule le sol du pays où son père a combattu.

Avant son arrivée, j'ai eu de vagues échos de sa maladie. Je voulais qu'il profite de sa venue pour voir un médecin. Un simple rendez-vous médical, au cours duquel le médecin vous ausculte, vous dit que tout va bien même si vous vous plaignez de quelques douleurs bizarres. Mais rien de grave, le médecin se contente de vous prescrire des vitamines et éventuellement un vaccin contre la grippe.

Voilà à quoi je m'attends, à un traitement léger, quelques semaines de repos au sein de sa famille où l'on prendra plaisir à le bichonner. Ensuite, retour à Abidjan, où il emportera avec lui ses médicaments, de belles images et de beaux souvenirs de famille.

Malheureusement, la réalité s'avère très éloignée de ce joli conte.

À son arrivée à l'aéroport, je le vois débarquer dans une chaise roulante. Quel choc ! Je comprends aussitôt qu'il est en incapacité de se déplacer. Touchée en plein cœur, je fais bonne figure et récupère mon père, saisis les poignées de sa chaise roulante à pleines mains pour nous diriger vers l'extérieur, où une voiture nous attend. À chaque tour de roue, je prends conscience de l'enfer vécu tous les jours par les handicapés. Et puis il nous est impossible de faire monter papa dans la voiture, malgré l'assistance du personnel de l'aéroport. C'est vraiment compliqué, les minutes s'écoulent lentement sans que nous parvenions à l'installer sur le siège arrière. Pendant tout ce temps, des questions sans réponses me mitraillent le cerveau :

Comment en est-on arrivé là ?

Qu'est-ce qu'il a qui l'empêche de bouger ?

Comment va-t-on le sortir de là ?

Et s'organiser pour son séjour ?

Dès le lendemain, j'emmène papa à l'hôpital intercommunal de Créteil. Des soins lui sont prodigués et je comprends, très vaguement, qu'il a fait une ou plusieurs attaques.

Attaques de quoi ?

De fil en aiguille, je réalise que ces attaques se sont déroulées à l'intérieur de son cerveau : un accident vasculaire cérébral est à l'origine de son état. Je n'avais jamais été confrontée à ce type de maladie, je découvre que des vaisseaux peuvent éclater dans notre tête et causer des dommages plus ou moins graves, plus ou moins visibles, plus ou moins définitifs. On ne revient pas toujours vivant d'un AVC. Mais parfois, l'accident se produit sans que l'on s'en aperçoive, jusqu'au jour où vous faites un scanner, ou une IRM, dont les clichés laissent apparaître un tas de petites taches, comme autant d'explosions miniatures dans votre cerveau.

Celui de papa en est constellé…

Pourtant personne n'a pensé à un AVC avant l'hôpital de Créteil, qui mérite bien l'argent qu'on lui verse : papa ne bénéficiant d'aucune protection sociale, nous payons la consultation et le traitement rubis sur l'ongle.

Tout change à partir d'aujourd'hui, maintenant on *sait*, on peut nommer le mal qui le ronge.

AVC.

Et on peut lutter.

L'état de papa peut s'améliorer.

Dans son malheur, il a cette chance.

Nous la saisissons à pleins bras.

Fermement résolue à soigner papa, je l'installe chez moi à Villeneuve-Saint-Georges, dans ma chambre. Je coucherai au salon. Le soir, avant de m'endormir, je me fais la promesse qu'il remarchera, je suis prête à tout pour ça. Cette pente, il la remontera. Il n'est pas si vieux, après tout !

Avec mes sœurs installées en France, nous nous organisons. L'une d'elles recrute un masseur chinois. Une fois par semaine, elle va le chercher à son domicile, en voiture, et le conduit chez moi, où l'expert soulage les douleurs articulaires de papa.

De semaines en semaines, papa retrouve un peu de mobilité. Il est Sisyphe, papa, qui remonte lentement en haut de la montagne, vers le sommet de sa forme.

Pourvu qu'il arrive tout en haut !

Pourvu que la comparaison avec Sisyphe s'arrête là-haut ! Je ne tiens pas, personne ne tient à ce que papa dégringole.

Cela semble fonctionner.

Au bout de quelques semaines, il quitte le fauteuil roulant. Aidé d'une béquille, il se remet à marcher. Terminé le fauteuil roulant ! Papa reprend des forces et toute la famille, confiance ; les beaux jours reviennent, au sens propre et au sens figuré. Bientôt l'été, le délicieux mois de juin, les jours qui rallongent, comme la vie de papa qui semble elle aussi s'étirer dans le bon sens. Puis passe l'équinoxe.

La nuit reprend du terrain sur le jour, qui diminue, imperceptiblement au début. Mais ces minutes cédées à la nuit sont comme les prémices d'un malheur. Il se manifeste en juillet. Alors que nous pensions papa proche d'une guérison totale, nouvel accident vasculaire cérébral.

Coup de massue.

L'avenir s'assombrit, nuit totale, tous nos projets tombent à l'eau.

Parmi eux, il y avait le retour de papa en Côte d'Ivoire. Car il ne se sent pas chez lui en France. La France, c'est chez ses enfants, ses petits-enfants, du moins certains d'entre eux. Lui, ce qu'il veut, c'est revoir la Côte d'Ivoire, pays de sa naissance, de sa vie, de sa mort qu'on espère lointaine. Mais dans son état, impossible de le mettre dans un avion.

Son rêve de retour brisé, papa se retrouve prisonnier, de son corps, et d'une sorte d'exil.

L'attaque est si violente cette fois que papa est admis en réanimation.

Je n'ose imaginer l'état de son cerveau. Ni me demander si c'est réparable ou pas.

Nous perdons espoir, il paraît impossible qu'il s'en sorte cette fois-ci.

Le personnel hospitalier se dévoue, médecins et infirmiers prennent ce patient fragile en charge avec un très grand professionnalisme. Ils sont absolument irréprochables, nous aidant à faire les démarches nécessaires pour lui obtenir une aide médicale.

Le médecin finit quand même par nous annoncer :

– Il ne marchera plus. Il ne pourra plus se tenir.

Il lui donne dix ans à vivre.

17

Désolé, les filles, ça va pas être possible

Une femme et deux messieurs, propres sur eux, bien apprêtés, débarquent dans la salle des femmes de chambre de l'hôtel Ibis, au cinquième étage. Ils nous expliquent qu'ils sont allés voir notre responsable, afin d'organiser une réunion.

À nous, rien n'a été demandé.

Personne n'est venu nous voir pour nous dire : « Est-ce que ça vous intéresse d'organiser une réunion ? De quoi vous voudriez parler ? »

Malgré tout, nous sommes ouvertes à cette discussion qui nous est proposée.

En réalité, il s'agit plutôt d'une présentation. Notre rôle consiste surtout à écouter. Je ne sais pas dans quelle mesure on peut participer, et si ces trois personnes considèrent qu'on a quelque chose d'intéressant à dire.

Nous apprenons qu'ils représentent la CFDT, c'est-à-dire la Confédération française démocratique du travail, une organisation très ancienne qui défend les droits des travailleurs et des salariés. Je suis travailleuse, je suis salariée. D'accord, ça me concerne, ça me parle. Très vite, ils nous encouragent à nous syndiquer. Jusque-là, j'ignorais le sens, et même l'existence de ce mot. Aussi je pose la question :

– C'est quoi, se syndiquer ?

L'un des deux hommes nous indique en souriant qu'il s'agit simplement de donner son RIB, et qu'une cotisation sera prélevée sur notre salaire, dont le montant dépendra de nos contrats. Pour moi, il en coûterait une dizaine d'euros par mois, pour défendre mes droits.

– Si par exemple tu as des problèmes avec la société de sous-traitance, je veux dire avec Sin&Stes, tu viens nous voir et on te défend en envoyant un courrier.

– Juste avec un courrier ?

– Dans la plupart des cas, oui, ça suffit à régler le problème. Tu sais, on parle beaucoup avec eux. Pareil : si tu es mal payée, tu viens nous voir. Et on négocie une augmentation pour toi, mais aussi pour le collectif.

En quelque sorte, ils sont là pour nous représenter : les travailleurs ont des droits, et des organisations existent pour les faire respecter. Différentes organisations syndicales représentent le personnel de la société de sous-traitance.

– Si vous avez un problème, répète le représentant de la CFDT, faites-nous remonter. Nous sommes là pour vous défendre !

« Si vous avez un problème »... et comment, qu'on a un problème ! Plusieurs, même. Bref, les femmes de chambre ne sont pas difficiles à mobiliser. Leurs problèmes sont si nombreux qu'on pourrait les rassembler dans une catégorie qui s'appellerait « Problèmes généraux d'infériorisation mais aussi de sexisme et de discrimination ». L'idée de me syndiquer me plaît. La séance de présentation se transforme peu à peu en un véritable échange :

– Moi, ça arrive souvent que Sin&Stes me paie 400 euros par mois, et puis tout à coup 500 euros, maximum 600 euros. Ça n'a rien à voir avec mon temps de travail. Et je travaille beaucoup. Parfois beaucoup plus que les heures au contrat. Donc puisque je suis dans cette situation, je peux venir vous voir, et vous, vous réglez ça ? je demande.

– Oui, on est là pour ça.

– Ah mais c'est formidable, alors ! Bon, d'accord, je me syndique tout de suite.

Me voilà syndiquée. Seulement, quand je vais les voir quelques jours plus tard pour cette histoire de rémunération aléatoire, à laquelle s'ajoutent une histoire de maltraitance au travail et une histoire de souffrance au travail, ils ne font rien.

Les femmes de chambre revendiquent également une indemnité de nourriture, à l'époque. Parce que non seulement il nous est difficile de nous nourrir correctement – et je peux vous dire qu'une femme de chambre a intérêt à avoir une alimentation saine –, mais en plus on n'a pas de ticket-restaurant. Désormais syndiquées, nous allons voir nos représentants.

– C'est souvent difficile pour nous de manger, on voudrait une prime pour nous alimenter.

Nos représentants froncent les sourcils parce que notre demande leur paraît vraiment incongrue. Des femmes de chambre qui veulent un déjeuner consistant ? Et pourquoi pas une pause entre midi et 13 heures ? Perplexes, ils nous répondent :

– Ah… pour l'indemnité de nourriture, ça va être difficile.

– Ah bon ? Vous n'allez pas nous défendre ?

– Écoutez, les filles… c'est compliqué, ce que vous demandez, quand même. Et puis, il faut bien que le ménage soit fait dans les chambres entre midi et deux. Vous imaginez la tête du client ? « Désolé, monsieur, votre femme de chambre est occupée à manger un sandwich… »

– On ne veut pas seulement un sandwich. On veut pouvoir se payer un vrai repas. Et si ton client veut que sa chambre soit bien faite, il va falloir aussi qu'on parle des aspirateurs, non ?

Une expression de grand étonnement apparaît sur le visage du représentant syndical.

– Les aspirateurs ? Qu'est-ce qu'il y a avec les aspirateurs ?

Là, j'avoue que je commence à m'échauffer un peu :

– Il y a qu'il n'y en a pas ! Du moins, pas assez pour toutes les chambres ! Il faut que vous alliez voir le patron pour lui dire ! On n'a pas les bons outils de travail !

– Mais vous n'avez pas des balais ?

Indemnité de nourriture, aspirateurs, salaires dignes et respect de la personne sont des revendications tout à fait utopiques, irréalisables, compliquées. Paraît-il. Tellement compliqué que rien ne bouge, hormis les soldes de nos comptes en banque qui sont allégés tous les mois de 10 ou 15 euros. Ce qui bouge aussi, ce sont les comptes bancaires de la CFDT, qui s'enrichissent tous les mois de nos cotisations.

Quand j'y réfléchis, ça va être difficile pour le représentant syndical d'aller négocier avec le patron, parce que le patron est devenu son ami. Le patron, il ne faut pas le contrarier.

Donc, démission. Les femmes de chambre quittent la CFDT. Bien entendu, nous voulons continuer à défendre nos droits. Pour le faire, nous avons le choix entre Force ouvrière et CGT Propreté. La Confédération générale du travail, nous en avons déjà entendu parler, en bien.

On adhère.

Entre-temps, l'hôtel Ibis a signé un nouveau contrat de sous-traitance, avec Elior, un gros groupe qui devient notre nouvel employeur. Entre le changement d'employeur et le changement de syndicat, j'ai toutes les raisons d'espérer que notre situation va s'améliorer. Malheureusement, moi comme les autres, nous allons vite déchanter !

L'enjeu est pourtant de taille : transformer les primes qu'on nous octroie, tout à fait ponctuellement, en un véritable treizième mois. C'est-à-dire du lourd. Du tangible. Du régulier. De la stabilité. Évidemment, l'hôtel, par sous-traitant interposé, préfère nous payer des primes : ce n'est pas régulier, et ce n'est pas cotisé. Cela lui coûte donc beaucoup moins cher puisqu'il ne paye pas de cotisations patronales. Seulement nous, nous tenons à notre protection sociale. Il faut co-ti-ser. Cotiser côté patronal, s'il vous plaît, et aussi côté salarié.

Je ne sais pas si on se rend compte de ce que ça représente : cotiser nous assure la Sécurité sociale (et avec papa qui est malade, à l'époque, je mesure le trésor que représente la protection sociale), cotiser pour notre retraite, même si elle est imprévisible – mais quelque chose qu'on ne peut pas prévoir vaut mieux que rien du tout : c'est quelque chose. Bref, nous autres les ménagères, on veut pouvoir compter sur une somme, prévisible, qui tombe à la période de Noël : donc, treizième mois, un point c'est tout, c'est non négociable, cher monsieur Ibis.

Veuillez agréer l'assurance de nos cordiales salutations. Voire de nos sentiments les meilleurs possibles compte tenu de la situation.

Notre employeur nous reçoit, il nous écoute, il nous dit qu'il nous entend.

Alléluia ?

Il dit qu'il va réfléchir.

Désillusion…

Il finit par nous promettre que, un jour, oui, il y aura un treizième mois.

Espoir retrouvé.

Mais ça ne dure pas : il ne respecte pas sa parole. Alors, contre l'avis des syndicats – CGT Propreté ne nous soutient pas –, nous entamons la grève. Et au bout de quatre jours, treizième salaire accordé ! Donc la grève, ça marche ? Quelque chose se met en route dans nos têtes.

Toutes, nous prenons conscience du pouvoir des invisibles. Les invisibles peuvent être puissants. Qui l'eût cru ?

Pas moi.

Pourtant, je me souviens de quelque chose qui disait : le maître, c'est celui qui ne sait rien faire ; il suffit que l'esclave s'arrête… et tout est bloqué. Ce que je retiens de notre grève de quatre jours, c'est que les invisibles – les esclaves, ceux qui font – sont le moteur. Et ils sont le carburant.

Imaginez que les éboueurs s'arrêtent ?

Que les aides-soignants et les infirmiers s'arrêtent ?

Que les enseignants s'arrêtent ?

Que les dames de service s'arrêtent ?

Que les chauffeurs de bus s'arrêtent ?

Qu'on renvoie tous les immigrés non européens à l'étranger ?

France bloquée.

18

Comment je suis devenue syndicaliste

Notre victoire sur le treizième salaire ne signifie pas que nos conditions de travail soient acceptables. En particulier, nous subissons un nouveau changement de société de sous-traitance. Après Sin&Stes, Elior, et puis très brièvement Sogepark, arrive STN, alias Sous-Traitance Nettoyage, une société familiale créée en 1992.

Je contracte avec eux en 2016. Dès lors, les règles changent : les femmes de chambre doivent abattre jusqu'à cinquante chambres par jour. J'en faisais vingt à mes débuts, et cela me paraissait déjà beaucoup ! Quant aux gouvernantes qui nous supervisent, elles en contrôlent quotidiennement 150 chacune. Les heures supplémentaires ne sont pas payées.

Les invisibles que nous sommes jouent donc le rôle de variable d'ajustement. La variable d'ajustement est la personne qui passe après tout le monde, et sur laquelle on joue pour booster la rentabilité de l'entreprise. Avec nous, il n'y a pas de petites économies. Même les bouteilles d'eau en été, nous n'y avons pas droit. Interdiction également de manger dans le même restaurant que les salariés du groupe Accor. Interdiction de prendre l'ascenseur réservé aux clients.

Malgré ces marques de profond irrespect, nous sommes encore pleines d'illusions. Aussi, après notre réussite sur le treizième salaire, une délégation de femmes de chambre, dont je fais partie, part au siège pour obtenir une audience avec Leurs Excellences nos supérieurs. Et leur présenter une liste de revendications. Tout ce que nous demandons revient, globalement, à être mieux traitées et mieux considérées. Prenant à peine connaissance de nos doléances, ils nous envoient balader. Pour résumer, soit on est d'accord avec le système et tout va bien, soit on n'est pas d'accord et on dégage. Ainsi va le monde, non ?

Non, je ne crois pas. Je veux être mieux payée. Je veux baisser la cadence. Je veux une indemnité de nourriture, sinon… Mais notre hiérarchie n'a pas peur de la grève. D'emblée il nous est annoncé :

– Vous savez, la grève, en France, on est habitués.

En d'autres termes, nous pourrions leur imposer trois, quatre mois de grève, cinq si ça nous chante, eux, ils sont cool. Tranquilles. Au cours du XXIe siècle, on n'a jamais vu une grève marcher en France. Plusieurs réformes sont passées. De leur point de vue, la grève est un truc archaïque, l'héritage d'un autre temps. Pour eux, il n'y a plus de luttes des classes. Non pas qu'il n'y ait plus de classes, non. Mais il n'y a plus lieu de lutter. Les classes du bas ont courbé l'échine. C'est leur point de vue. En plus, des femmes, pour la plupart immigrées, non européennes, très basanées, et qui font le ménage… franchement, de quoi se plaignent-elles ? Est-ce que ce n'est pas leur condition naturelle ?

Merci, mesdames, meilleures salutations et bon travail chez nous.

Je ne me décourage pas. Une de mes collègues, Sylvie, et moi-même battons campagne pour être élues déléguées du personnel à CGT Propreté. En effet, quoique malheureuse, mon expérience à la CFDT m'a beaucoup appris, et les femmes viennent souvent me voir quand elles ont un problème. Je fais remonter à la responsable de la sous-traitance, et, de cette manière, de petits problèmes se règlent sans trop de difficultés.

Me voilà élue déléguée du personnel sous la bannière CGT Propreté. Je me mets tout de suite au travail. Premier dossier, une pratique bizarre, et historique, autour des bons cadeaux de fin d'année : un certain nombre de salariés les perçoivent, et d'autres pas. Pourquoi ? Personne ne sait. Je milite pour l'égalité de tous à ce sujet. Combat gagné, dossier bouclé.

D'autres luttes se profilent, au travers de plusieurs discussions auxquelles j'assiste, ou auxquelles je participe, comme élue ou simple syndiquée. C'est une gestation de plusieurs années. Je m'instruis dans des réunions, dans des assemblées générales. Beaucoup de salariés s'y croisent, employés par différents hôtels mais par la même entreprise de sous-traitance. Rassemblés sous la bannière de l'espoir, nous confrontons nos expériences et nos idées. C'est ainsi que, au fil du temps, je rencontre les personnels de nombreux hôtels Ibis, mais aussi de Novotel, et d'autres grandes marques hôtelières. Après chaque réunion, je rends compte à mes collègues dans notre salle du cinquième étage. Tôt le matin, avant notre prise de service, je fais d'abord tous les étages pour rameuter les collègues, les inviter aux réunions que nous improvisons à toute heure de la journée. J'y donne le compte rendu de telle assemblée générale, ou de telle réunion syndicale et, sur cette base, nous discutons. Ces rendez-vous sont très suivis : pas moins de trente femmes à chaque fois, pour écouter, commenter, partager des idées.

– Vous savez, dis-je, qu'on peut nous baisser la cadence ? On pourrait passer de trois chambres et demie l'heure à trois seulement.

– Vous savez, rebondit une autre, que la prime de nourriture est payée dans tel hôtel ?

– Si l'entreprise de sous-traitance paye la prime là-bas, opine une troisième, elle doit bien pouvoir la payer chez nous.

– CGT Propreté freine la grève. Ils ne veulent pas nous laisser sortir… répond une quatrième.

J'affirme le contraire :

– Moi, je suis sûre que oui. Si c'est possible chez l'un, ça doit être possible chez l'autre.

De cette manière, petit à petit notre liste de revendications s'affine et s'enrichit. Maintenant, s'agissant des moyens d'obtenir satisfaction, plusieurs méthodes existent, et les syndicats n'utilisent pas tous les mêmes. Entre autres, la Confédération française démocratique du travail privilégie les négociations. Elles aboutissent rarement là où on aurait voulu les entraîner. La Confédération générale du travail, elle, joue davantage sur la grève.

Justement, des anomalies finissent par se révéler en interne, au sein même du syndicat. Impossible, par exemple, de connaître le montant des disponibilités en caisse. L'argent est sujet tabou. À ce tabou s'ajoute la difficulté à se faire rembourser les frais liés aux réunions syndicales. Sans compter que CGT Propreté ne se bat pas aux côtés des délégués pour qu'ils aient les moyens d'exercer leurs missions. Aucun appui, par exemple, à leurs demandes réitérées de disposer d'un local syndical où recevoir les salariés et leurs réclamations. Pas de soutien non plus dans l'achat d'un téléphone professionnel, ni d'un ordinateur pour pouvoir assurer le mandat. L'employeur aurait dû donner aux instances de représentation du personnel les moyens de fonctionner : il ne l'a pas fait et le syndicat a laissé faire !

Bref, un syndicat dit de gauche aux usages patronaux. Le plus prudent dans de telles circonstances est de se soumettre et de fermer sa bouche. Malheureusement pour moi, je ne sais pas me mettre à genoux et je ne sais pas me taire.

Aucun sens de la diplomatie, Rachel !

Mais enfin, Rachel, *tais-toi !*

C'est ainsi que, de paroles déplacées en mots de trop, je deviens l'emmerdeuse dont il faut se débarrasser. Et une emmerdeuse de la pire espèce, comparable à une épine dans le pied, celle qui vous empêche de marcher, qu'il faut extraire de toute urgence parce qu'elle s'infecte. Autant vous dire que je suis attendue au tournant, un tournant qui se manifeste aux prochaines élections syndicales.

2016 toujours, le vote se profile. Avec une gentillesse peu coutumière, mon responsable syndical m'annonce que ma candidature sera proposée. Quelques jours plus loin, au détour d'une conversation, un changement de programme m'est présenté, sur un ton toujours mielleux :

– Au fait, Rachel, finalement on ne t'a pas mise sur la liste CGT… mais ne t'inquiète pas, on va te nommer représentante des salariés.

Jusque-là, j'ignorais qu'on pouvait être *nommé*.

– Me nommer ? Est-ce que ça change quelque chose ?

– Non, non, bien sûr que non. Ça ne change rien. Rien du tout ! Juste que tu ne seras pas élue.

Dire que je ne me doute de rien ! Pourtant il y a des indices. Les indices pullulent ! Notamment : il faut toujours se méfier du ton mielleux, des doubles négations (« non, non » veut souvent dire « oui ») et de certaines expressions (« pas du tout » veut souvent dire « bien sûr que oui »).

Et surtout se méfier des détours de conversation : vous parlez d'un sujet précis, ou bien vous parlez de choses et d'autres et, tout à coup, votre interlocuteur vous glisse une information essentielle (« juste que tu ne seras pas élue »), mais vous n'y prêtez pas attention parce que ça ressemble à une parenthèse insignifiante. Ça marche comme un cheval de Troie… ou un cavalier législatif. Mais ça, je le découvrirai plus tard.

Passent les élections.

Non élue, je suis nommée, me voilà de nouveau déléguée du personnel. Très bien. Suite à un problème avec les aspirateurs – encore les aspirateurs –,je vais voir une autre déléguée. Contrairement à moi, S est élue, en bonne et due forme.

– S, lui dis-je, persuadée de défendre la même cause, on a toujours des problèmes avec les aspirateurs. Voilà, il n'y en a toujours pas. Si ça continue, les femmes de chambre vont se mettre en grève.

Là-dessus, je file dans le XVIIe arrondissement au bureau de CGT Propreté, qui se trouve à Guy-Môquet. Tout un symbole, Guy Môquet, parce que c'était un résistant, très jeune. Le secrétaire général me reçoit et je lui tends *la* liste de revendications, prime de nourriture comprise. Sans même la lire, le syndicaliste s'étonne :

– Mais pourquoi tu m'apportes ces revendications ? Il faut voir ça avec S.

Visiblement, notre déléguée et le secrétaire général de CGT Propreté ont déjà échangé à ce sujet. Raison pour laquelle, peut-être, S se met dans tous ses états quand je lui apprends que je suis allée déposer nos requêtes, certes sans attendre son autorisation. Ça me paraissait naturel… Eh bien non. D'après ma collègue, il n'y a pas matière car le problème est réglé.

– Le problème est réglé ?

– Le problème est réglé, oui.

– Où sont les aspirateurs ?

– Ils arrivent.

Selon toute vraisemblance, un problème d'acheminement les empêche d'arriver à bon port : on ne les verra jamais. D'où l'adage fameux : « Les promesses n'engagent que ceux qui y croient. »

Optimiste quant aux aspirateurs, S l'est beaucoup moins concernant nos autres combats.

La baisse de la cadence ? Jamais nous ne l'obtiendrons. Trois chambres et demie l'heure, soit dix-sept minutes par chambre, c'est tout.

La prime de nourriture ? Mais enfin voyons…

Des vêtements de travail adaptés ? Faut pas rêver.

Depuis son élection, S a été briefée par la direction : ce que nous demandons depuis des années est im-po-ssible. C'est mathématiquement démontré. C'est pour ça qu'on nous répète toujours la même chose.

Autrement dit, l'élection d'un représentant syndical s'accompagne parfois d'un lavage de cerveau. Car pour être délégué syndical, il convient de se montrer capable de raison. *Être raisonnable*, c'est-à-dire renoncer à tous ses rêves, et surtout aux rêves collectifs. Dans ce cas, on n'a plus qu'à cultiver des ambitions personnelles.

En tout cas, mon comportement ulcère S. Et puisque je n'ai aucune légitimité démocratique (je suis nommée, non élue), elle m'annonce :

– Je t'enlève ton mandat.

En effet, le lendemain je reçois le courrier qui me révoque.

Voilà comment j'ai été dégagée.

19

Nettoie et tais-toi

Redevenue une invisible parmi les invisibles, je retrouve mes semblables dans notre petite salle du cinquième étage, qui comporte une table flanquée de quelques chaises et un frigo qui ronronne. Sur ce fond sonore on mange, on partage nos souffrances, humiliations, harcèlement moral.

Le harcèlement, c'est une façon, constante, de traiter les gens comme s'ils étaient du bétail. C'est une manière de mépris, que ne mérite aucun être vivant. Ainsi, quand les femmes de chambre remettent en cause la cadence de travail, on dit qu'elles sont « paresseuses ». La paresse est le stéréotype par excellence. Autrefois déjà, dans les champs de coton, de tabac et de canne à sucre, les esclaves étaient considérés comme paresseux. Dans ce cas-là, je me demande bien pourquoi les maîtres ne faisaient pas le boulot eux-mêmes, puisqu'ils étaient si efficaces ! Cela vaut aussi pour l'hôtel Ibis : après tout, si notre hiérarchie nous juge trop feignantes, eh bien qu'elle se retrousse les manches ! Moi, je leur assure volontiers deux ou trois jours de formation. Je leur fais un bon prix. Blague à part, combien de fois me suis-je entendu dire : « Oh mais si tu ne veux pas travailler, tu laisses, y a pas de problèmes, et puis tu vas t'inscrire en face à Pôle emploi ! »

Les femmes sont parfois dans des situations sociales et matérielles si désespérées que, évidemment, les sociétés de sous-traitance trouveront toujours du petit personnel à exploiter. Nettoie et tais-toi. Tout ce qu'on te dit de faire, fais-le, ne réfléchis pas et surtout… surtout… ferme. Ta. Bouche !

La plus grande qualité des domestiques, il me semble depuis plusieurs siècles, c'est leur silence, et leur talent à se faire oublier. À complètement disparaître du décor, pour ne pas piquer les yeux de ceux qu'ils servent, la présence domestique est si insoutenable. Comme le serf, l'esclave, le domestique, la femme de chambre doit faire oublier qu'elle est là. Qu'elle existe.

Le meilleur moyen de ne pas exister, en plus d'être invisible, c'est de méconnaître ses droits. Si, par un hasard malheureux, vous les connaissez, ayez l'élégance de ne pas réclamer leur application. Sans quoi vous risquez de remettre en cause tout le système. Les équilibres économiques sont fragiles. Et s'ils reposent sur la prédation, l'exploitation, l'humiliation, on ne va pas tout ficher par terre. Contentons-nous des miettes.

Alors nos corps abîmés, nos dos cassés, nos genoux démolis, nos épaules déboîtées… jusqu'à la violence ultime, le viol. Un cliché, hélas, mais l'une de nous en sera bel et bien victime : la femme, qui plus est de chambre, est un bien de consommation.

Pourtant, on rêve encore à des lendemains meilleurs. En ce qui me concerne, le lendemain meilleur, dans l'immédiat, c'est un appartement plus grand. Aussi vais-je voir mon patron à l'hôtel Ibis des Batignolles, pour lui dire :

– Mes enfants sont grands, j'héberge mon père qui est malade… on ne peut plus se partager une seule salle de bains.

– Évidemment, oui… je comprends. Et ?

– Et ? Et… et mes enfants ne peuvent plus dormir à quatre dans une seule chambre.

– Et ?

– Et il me faut plus d'espace pour mon père. Et avec le 1 % patronal, je devrais pouvoir avoir un logement social.

À la grande surprise de mon patron, je connais mes droits. C'est sûr, il vaut mieux être renseigné, et ce renseignement porte ses fruits !

En 2017, je deviens chevillaise : nous quittons Villeneuve-Saint-Georges pour emménager à Chevilly-Larue, que je ne quitterai plus.

20

Viol à l'Ibis des Batignolles

Ce matin-là aurait dû être un grand jour.

Femme de chambre depuis plus de seize ans (nous sommes au printemps 2017), j'ai prévu de demander une audience au patron pour négocier un changement de statut, une promotion accompagnée d'une augmentation de salaire : je veux devenir gouvernante. La gouvernante dirige les équipes, attribue les chambres, coordonne les employées. Aussi, j'arrive de bon matin dans notre pièce dédiée, toujours au cinquième étage. J'y trouve ma responsable. Avant que j'ouvre la bouche, pour lui dire mon intention d'aller voir le patron, elle me dit :

– Rachel, tu ne fais pas les chambres aujourd'hui.

Mon rêve se réalise ?

Aujourd'hui, j'assurerai en partie les missions de gouvernante, je me chargerai de vérifier que le ménage a été correctement effectué.

Ravie, j'attrape ma feuille de route. Elle indique le programme de la journée pour toutes mes collègues. Chargé, comme d'habitude. C'est un jour comme les autres, les femmes embauchent pour remettre sept cents chambres en état. L'humeur générale est bonne, on se lance des « Bonjour, comment tu vas aujourd'hui ? Et les enfants ? Et le mari ? ».

Chacune prend son matériel. Quant à moi, je descends un étage plus bas avec ma feuille de route, et je m'installe dans un petit local du quatrième étage, le temps de laisser les femmes avancer dans leurs tâches. Ensuite je commencerai mon contrôle. Dans cette attente, j'échange avec Salif, lui-même équipier. Un équipier assure la propreté des parties communes. Or notre conversation est interrompue par la sonnerie de mon téléphone. Le nom de ma responsable apparaît sur l'écran. Je décroche. Haletante, elle parle à toute vitesse :

– Rachel ? Tu es où ? Monte me voir au huitième, s'il te plaît. C'est urgent !

Inquiète, je me dépêche de rejoindre le huitième, par l'escalier de service. Je débarque en trombe et, d'emblée, ma responsable me demande, paniquée :

– Tu as entendu ?

– Quoi ? Qu'est-ce que j'aurais dû entendre ? Qu'est-ce qui s'est passé ?

– Il s'est passé que…

Hésitante, elle prend une grande inspiration et lâche d'un coup :

– Le directeur est entré dans une chambre.

À ce stade, je ne comprends toujours pas, mais je me rends bien compte que quelque chose est anormal. Le directeur ? Mais qu'est-ce qu'il ferait dans une… Tandis que ces questions se posent dans ma tête, je commence à entrevoir un visage. C'est le visage d'une femme violée. Et peu à peu je me rappelle son nom.

Nafissatou Diallo.

Et je me souviens de la violence, du mépris, du déni.

Comment donc… *Lui ? Lui*, cet homme si charmant et si éduqué, il aurait fait *ça* ? Impossible, voyons. *Je le connais personnellement, il est incapable d'une chose pareille.* Donc la femme violée ment. Normal, c'est une femme de chambre. En plus… c'est à peine si elle parle correctement la langue de son pays d'accueil, alors vous imaginez…

Je suis fascinée par cette tendance qu'ont les bonnes gens à croire si volontiers à la femme de chambre menteuse, voleuse. Pareillement, elles se refusent à imaginer qu'un homme éduqué – un des leurs ! – puisse être brutal. En particulier avec ses inférieurs. Mais il faut croire que les bonnes gens ont toujours raison. Sept ans après l'affaire Strauss-Kahn – ou l'affaire Nafissatou Diallo ? – ma responsable ébranlée me confirme mon intuition :

– X a été violée.

Je suis sous le choc. Tétanisée. Violée, X ? Mais à quel moment ?

Quand elle a pris son service ce matin, on l'a vue en pleine forme, tout heureuse, toute joyeuse, on a rigolé…

Je décide de l'appeler, et découvre plusieurs appels en absence sur mon téléphone : X a tenté de me joindre à plusieurs reprises dans la dernière heure. Occupée à ma feuille de route, je n'ai rien entendu. Aussitôt je la rappelle, elle décroche à la seconde.

Sa voix est anormalement basse et rauque. En quelques mots, elle me donne le numéro de la chambre où elle se trouve. Oui, dit-elle, c'est le directeur.

Et elle se tait.

Pas un instant elle n'évoque ce qu'a fait le directeur.

Sa pudeur et sa honte enveloppent le viol d'un silence assourdissant. Le viol est si frais encore qu'il est indicible, surtout au téléphone, devant les témoins que j'entends murmurer autour d'elle.

Mon premier réflexe est de descendre quelques étages pour rejoindre X. Je passe devant le bureau des gouvernantes de l'Ibis. La porte est ouverte, et le directeur est là avec deux gouvernantes d'Accor, il est rouge, suant. Il me fait signe :

– Rachel ! Viens, s'il te plaît !

Il me tutoie, oui, c'est l'usage. Et moi, je le vouvoie, l'usage aussi. Pour autant, je ne me laisse pas démonter :

– Mais vous en avez, une drôle de tête ! Qu'est-ce qui se passe ?

Il blêmit, il se décompose littéralement :

– Non, c'est X, c'est X, c'est X…

– Quoi, X, qu'est-ce qu'il y a avec X ?

Je sais très bien ce qu'il y a avec X. Je joue l'ignorante. Je veux entendre l'histoire de sa bouche. Bien entendu, il est incapable de la raconter, et même de s'avouer qu'elle existe. *Lui*, il aurait fait *ça* ? Encore une histoire de déni. Alors… il nie :

– Non, il y a… voilà, elle est folle. Elle est folle, elle est folle.

Ce qui signifie que le viol n'existe pas. Passez votre chemin, messieurs, mesdames, ce sont les femmes qui sont folles. Folles à lier. Folles quand elles accusent un homme de ce crime qu'ils n'ont pas pu commettre.

Impossible.

Folles quand, comme dans le sketch de Coluche, elles n'ont pas consenti : « Euh… Monsieur le juge, vous faites attention à qu'est-ce que vous dites. Je l'ai pas violée. Euh. Pas plus que les autres. Et puis je vous ferais remarquer que violer c'est quand on veut pas. Moi je voulais, moi. »

Malgré le déni intégral qui voile sa conscience, il n'en mène pas large, monsieur le directeur. Une autre de mes collègues nous rejoint justement. Elle assiste à ces dénégations surréalistes. N'y tenant plus, je sors de là pour aller voir X dans la chambre du crime.

Devant la porte, un policer semble monter la garde. Je le salue, il me répond poliment et j'aperçois, dans son dos, X assise sur le lit. Notre patronne et une gouvernante l'encadrent avec bienveillance. J'avance de quelques pas dans leur direction, mais le policier me barre la route.

– Personne n'a le droit d'entrer, madame.

Je reste sur le pas de la porte, le temps que la police finisse de s'entretenir avec X.

Au moins elle parle.

Quelques minutes plus tard, je suis enfin autorisée à la voir avant qu'elle ne parte avec les policiers, pour les analyses médico-légales, et la confrontation avec le directeur. Tous au poste. L'instruction de cette affaire est terminée. On attend le procès.

21

Treize femmes

Le transfert de treize femmes dans un autre hôtel est parmi l'un des déclencheurs de la grande grève.

Après être allées à la médecine du travail, ces femmes sont déclarées « aptes avec réserves médicales ». Obligation est faite à l'employeur de réduire le port de charges et le nombre de chambres à faire chaque jour. En bon gestionnaire, STN convoque donc ces treize femmes au siège. Dans une mise en scène faite pour intimider, il leur signifie leur mutation dans un autre hôtel, établissement de luxe, où la cadence sera réduite à une douzaine de chambres par jour.

Sauf que…

Étant donné la configuration des hôtels cinq étoiles, douze de leurs chambres équivalent à vingt-cinq dans un hôtel économique. Autrement dit, STN contourne son obligation de restrictions, et les treize femmes se font arnaquer.

Notre direction ne s'attendait certainement pas à une riposte. Pourtant nous nous sommes consultées. Notre constat est imparable : de une, ce métier rend malade, de deux, si on laisse ces treize femmes être déplacées comme des marchandises, et soumises à des conditions de travail tout aussi pénibles que les précédentes, qui sera la prochaine ?

Cette question est à mon avis une question qu'on ne se pose pas assez souvent. Je veux dire, dans n'importe quel contexte. Pourtant, l'Histoire nous l'enseigne : quand on vient chercher des noises à notre voisin, nous sommes souvent celui d'après sur la liste.

Cette affaire de mutation est un gros enjeu, trop grand pour CGT Propreté dont, d'expérience, nous savons qu'ils ne nous soutiendront pas. Le passé l'a amplement démontré : quand quelque chose ne tourne pas rond, notre syndicat regarde ailleurs.

Que faire dans ces conditions ? C'est simple : changer de maison !

Un collègue nous parle de CGT-HPE, alias la Confédération générale du travail-Hôtels de prestige et économiques. Riches de nos récentes expériences syndicales, nous allons les voir, et sommes agréablement surprises par l'accueil qui nous est réservé.

Un accueil respectueux.

L'oreille dans laquelle nous délivrons notre souffrance est à l'écoute. C'est celle de Claude Lévy. La considération qu'il a pour nous n'est pas dans nos habitudes. Plus surprenant encore, nous avons le sentiment d'être comprises, et de nous trouver face à une personne bienveillante. Claude réfléchit déjà à une stratégie. Une fois que nous avons vidé notre sac, il prend la parole :

– Pour les heures, on peut vous installer une pointeuse, vous savez ?

Non, nous ne savions pas. Jusqu'ici, personne ne nous l'avait dit et nous ne l'avions pas imaginé. Une pointeuse ? Électronique, en plus ?

– Comme ça, reprend Claude, vous ne serez plus payées à la chambre, mais à l'heure. Vos heures supplémentaires seront elles aussi comptabilisées.

Les mots coulent de sa bouche, simples, beaux et clairs comme de l'eau de roche.

J'en suis toute remuée. Depuis une quinzaine d'années, je travaille comme femme de chambre et, pour la première fois, j'entends parler de pointeuse ?

Force ouvrière ne l'avait jamais suggérée.

La Confédération démocratique du travail non plus.

CGT Propreté non plus.

Comment ont-ils pu passer à côté ?

Peut-être que le patron n'aurait pas accepté. Alors autant ne pas le lui demander.

C'est tout juste si nos anciens représentants syndicaux n'avaient pas garanti la paix sociale à nos employeurs : pas d'inquiétudes, monsieur le directeur, c'est mon site, je gère, il n'y aura pas de grève. Certes, il y a moyen de faire carrière dans le syndicalisme. Comme en politique, des opportunités sont à saisir pour les ambitieux !

Claude, lui, donne l'impression de militer pour une cause plus grande que sa propre personne.

– De ce que je comprends, reprend-il, vous devez faire trois chambres et demie par heure. La cadence devrait être baissée, parce que non seulement ce n'est pas dans vos contrats, mais c'est aussi contraire au droit du travail.

Les yeux écarquillés, nous l'écoutons presque religieusement. Il continue d'une voix tranquille et assurée :

– On va aussi demander l'indemnité de nourriture, bien sûr.

L'indemnité de nourriture n'est pas un droit pour les employés en sous-traitance hôtelière. Mais Claude s'appuie sur le principe de l'égalité de traitement entre les employés de la sous-traitance et les salariés embauchés directement par l'hôtel. Et ce n'est pas tout.

– Votre tenue, on va exiger du coton, et comment ! Parce que le synthétique, là…

J'approuve totalement :

– Quand il fait chaud, ça colle au corps, ça frotte…

Ma collègue renchérit :

– Ah oui, monsieur Lévy, le synthétique, quelle misère ! Ça donne des irritations, et même des maladies de peau. Et les chaussures, est-ce qu'on ne pourrait pas avoir des vraies chaussures de travail payées par STN ?

Je hoche la tête et Claude se trouve sur la même longueur d'onde :

– Vous n'avez pas à payer vos chaussures. C'est à votre employeur de vous les fournir. Et elles doivent être adaptées à vos conditions de travail.

La liste de nos revendications se structure et s'allonge, c'est un cahier de doléances, quasi révolutionnaire, qui s'appuie sur le Code du travail. Parce qu'elle est bien révolue, l'époque où les citoyens de droit commun étaient d'un côté et les non-citoyens de l'autre, régentés par le Code de l'indigénat. Tout le monde n'a pas l'air de l'avoir compris, mais les femmes de chambre aussi relèvent du droit commun, et du Code du travail… Nos revendications, nos réflexions, nos concertations, menées depuis des années, via la CFDT, puis via CGT Propreté, ce sont autant de graines que nous avons semées. Les graines d'un progrès social. Sauf que le sol était gelé.

– On va aussi mettre un terme aux mutations abusives.

Avec Claude, la température se réchauffe, nos semis vont pouvoir sortir de l'hibernation, et germer ! Ce qui germe aussi, chez nos employeurs, c'est une certaine inquiétude, et la peur qu'on coupe la tête au ROI. Le ROI des temps actuel, qui est le *Return on investment*, alias la rentabilité.

Armées de nos arguments aiguisés comme des lames, nous voilà bien décidées à nous mettre en grève, résolues à ne rien lâcher.

Rien !

Cependant… il nous manque encore un peu de monde : à l'instar d'une révolution, une grève demande de la foule qui, comme dans la chanson d'Édith Piaf, vous emporte, vous entraîne, s'élance dans une folle farandole. Et les cris, et les rires, et la musique.

Il y en aura.

Nous recrutons la foule, les femmes de chambre qui n'ont pas encore adhéré à CGT-HPE. En moins d'une semaine, la mission est remplie, toutes ont payé leur cotisation et fièrement reçu leur carte d'adhérente.

22

Chants, tambours et casseroles

Deux cent trente ans et trois jours après la Révolution française, soit le 17 juillet 2019, la grève est déclarée. Cette date restera gravée dans ma mémoire comme un souvenir sacré, et un sacré souvenir !

D'emblée, je le sens, le mouvement va fonctionner. Cette conviction intime n'est pas rétrospective. Je l'ai su tout de suite, et cela même si nos demandes étaient réputées irréalistes, irréalisables. En particulier, les 7,24 euros d'indemnité de nourriture par jour. La requête n'a l'air de rien vu de l'extérieur mais, dans nos secteurs, c'est audacieux ! On nous avait dit : « Impossible. » Une déléguée syndicale centrale nous affirmait, à une certaine époque : « Si vous arrivez à 5 euros, je mange mon chapeau. » Nous relevons le pari : préparez-vous à déguster votre panama, chère madame. Après tout, ce chapeau n'est constitué que de fibres végétales, il devrait être facile à digérer.

Pointeuse, indemnité de nourriture, habits adéquats et chaussures de travail, fin des mutations abusives, recrutement à plein temps des femmes de chambre qui le demandent, cessation du harcèlement moral. Le harcèlement vient de notre direction, mais aussi de la gouvernante en chef du groupe Accor : autoritaire, celle-ci nous traite aussi comme si nous lui étions subordonnées. Elle donne ses ordres, alors que nous sommes salariées de la boîte de sous-traitance.

Si, jusqu'ici, nous n'avons pas obtenu gain de cause, pour aucune de nos demandes, pas question cette fois de se laisser avoir. Rien ne nous usera. On va s'accrocher.

Car vous savez, pour obtenir quelque chose, mieux vaut demander trop. C'est-à-dire plus que rien.

La grève est lancée, j'ignore encore qu'elle durera près de deux ans et qu'elle sera traversée d'un couvre-feu doublé d'un confinement. Deux ans, ça ne s'est jamais vu ! Nous deviendrons des recordwomen, battant le record établi quelque temps plus tôt par les salariés de l'Holiday Inn de la Porte de Clichy. Eux ont tenu bon pendant cent onze jours. D'autres, les grévistes du palace Park Hyatt Vendôme, se sont également bien débrouillés : leur arrêt de travail a duré quatre-vingt-sept jours. Pour notre part, nous cesserons toute activité plus de six cent soixante jours.

Tout commence par le piquet de grève, installé devant l'Ibis des Batignolles. Du lundi au vendredi, de 9 heures à 16 heures, nous ambiançons : chants, danses, jets de confettis. Des tambours et des casseroles nous accompagnent, la grève est bon enfant. Certains voient un aspect féministe et antiraciste à notre lutte. Il y a un gros sujet ! Un vieux sujet, ai-je envie de dire. Cependant, nos revendications se trouvent bien au chaud, sur le bureau du directeur où nous les avons déposées.

Au départ, notre mouvement social concerne une quarantaine de salariés de STN, et la durée annoncée est illimitée. Si nous sommes femmes de chambre pour la plupart, on compte aussi des employés chargés d'autres missions, le linge, par exemple, comme Salif dont je vous parlais plus tôt.

Hélas, la majorité de mes collègues se décourage très tôt. Pourquoi ? Ainsi va la vie. Pareillement, beaucoup de femmes retournent au travail, par peur des représailles, ou parce qu'elles ont des enfants à nourrir, ou parce qu'elles ont été influencées par le patron, voire menacées par CGT Propreté : leurs délégués syndicaux se mobilisent contre la grève dès le premier jour.

Ne reste qu'un noyau dur, mais il est dur comme l'osmium, ce métal plus dur encore que l'or et le diamant. Autant dire que rien ne viendra briser notre détermination. Pourtant nous ne sommes plus que vingt sur le piquet de grève : dix-sept femmes de chambre, deux gouvernantes et un équipier, Aboubacar.

Face à nous, plusieurs obstacles : la résistance acharnée de notre employeur mais aussi, et c'est peut-être pire, la trahison de quelques-unes de nos collègues – non grévistes – qui s'épanchent dans les pages du journal *Le Figaro* en ces termes : « Non, tout va bien, on nous traite bien, on est gentil avec nous. » De quoi ravir notre direction.

Je me souviens par exemple d'A, qui était en vacances. STN lui a affrété un taxi, lequel a parcouru plusieurs centaines de kilomètres pour la ramener à Paris. Comme une fleur, elle débarque sur le piquet de grève, et devant les caméras des médias mainstream, elle déclare, la bouche en cœur : « Tout-va-bien, pas-de-soucis. »

Quelques pétitions éclosent en parallèle, lancées par quelques-unes de nos collègues déléguées ou proches de CGT Propreté, en soutien à STN et en défaveur des grévistes. Le message consiste à dire que les grévistes, contrairement à elles, n'aiment pas travailler. Tel est le nœud du problème, en somme… Je suis sous le choc. Certes, chacun est libre de ses opinions et de son expression. Mais je ne crois pas que le sujet soit la liberté d'expression. Au contraire. Je pense plutôt qu'il s'agit d'un sabotage orchestré. Et nous sommes dans la situation où l'esclave est soumis au point de défendre le maître qui le bat. Il cherche à tout prix son approbation. Souffrir plutôt que mettre le patron dans la merde (pardon, je n'ai pas d'autre mot). Le maître s'enrichit sur votre dos, mais ce n'est pas grave. L'enrichir est votre rôle dans la vie, et en plus vous voulez qu'il vous aime.

Le plus terrible, peut-être, c'est qu'elles ne demandent rien en retour. Le patron ne leur a d'ailleurs rien promis en échange de leur totale soumission. C'est un peu comme si, après la guerre, quand les femmes ont eu le droit de vote en France, certaines s'y étaient opposées, pour mieux rester derrière leurs fourneaux.

Le vote ? Une affaire d'hommes.

La politique ? Une affaire d'hommes.

La grève ? Une affaire de dégénérés.

Pourtant, à l'issue de la grève, un happy end : les pétitionnaires profiteront elles aussi de ce qu'on aura gagné. Je n'en verrai aucune demander à être privée des droits que nous aurons acquis, malgré elles.

23

Le nerf de la grève

Notre employeur joue la carte de l'usure. Tranquillement, il attend qu'on se fatigue, il compte sur notre affaiblissement, il s'imagine que notre force vitale finira par s'éteindre. C'est mal nous connaître. C'est faire preuve d'une totale ignorance de qui nous sommes. De ce que nous faisons. De ce que nous pouvons supporter. L'usure, nous y sommes entraînées, monsieur le directeur. Nos vies et les conditions de travail que vous nous imposez nous ont appris à y résister. À nous adapter. Nous sommes de vraies guerrières, monsieur le directeur.

Il ne commence à l'entrevoir qu'en décembre, sept mois après le début du conflit.

Alors il cède du terrain, un tout petit morceau : il propose une petite augmentation de salaire et une indemnité de nourriture de seulement 3,62 euros. Deux fois moins que demandé ! En bloc, nous rejetons cette offre. Le mouvement se poursuit. Mais comment tenir une grève quand on est privé de salaire ?

Certainement pas grâce à nos économies, nous n'en avons pas. Aucune de nous ne dispose d'un compte épargne. Or le nerf de la grève est le même que celui de la guerre : l'argent. Ce carburant universel. Pour se garantir le succès, il en faut souvent beaucoup. C'est la caisse de grève statutaire de la CGT-HPE syndicat qui nous a permis de lancer la grève. Ensuite, Claude et Tiziri mettent en place une caisse de grève qu'ils gèrent remarquablement en appelant régulièrement aux dons des militants mais aussi des sympathisant et de toute personne qui croyait en nous et qui voulait voir cette grève gagner !

De la même manière, Claude et Tiziri obtiennent les retombées médiatiques qui nous sont bénéfiques : qu'on parle de vous en bien ou en mal vous permet de vous faire connaître et de développer votre capital sympathie. Nous sommes riches de la sympathie d'un grand nombre de personnalités politiques, médiatiques, universitaires, et aussi de la compassion de M. et Mme Tout-le-monde. La diversité de leurs origines sociales et de leurs opinions politiques est remarquable : ils sont la France, une France multiple qui se reconnaît dans notre combat, parce que notre lutte a quelque chose d'universel et d'emblématique. La grève des femmes de chambre permet à tous d'espérer en un avenir plus humaniste, plus solidaire. Chaque jour, le nombre des personnes qui s'identifient à nous augmente. Cette France en empathie avec nous, c'est la France des Lumières, et elle est généreuse : la caisse atteindra les 280 000 euros.

Merci à ces innombrables soutiens qui mettent la main à la poche, témoignant de ce que notre cause dépasse largement la question des femmes de chambre. C'est la question des invisibles, et de toutes les personnes qui sont, à un moment ou à un autre, déshumanisées.

C'est la question de l'égalité et de la justice.

Ces principes, la CGT-HPE, mais surtout Claude Lévy et Tiziri Kandi les appliquent au travers de la caisse de grève. Très bien organisé, le syndicat plante une tente sur le piquet de grève, où les femmes de chambre peuvent aller chercher de l'argent tous les mois en compensation de leur perte de salaire sèche. Selon le contrat de travail, le chèque est de 700 euros minimum et 1 000 euros maximum.

Tout est donc pour le mieux, une réunion de médiation est même prévue avec notre employeur le 19 mars 2020. Hélas, quelques jours avant, un certain confinement est décrété pour cause de covid. Le 17 mars, chacun est invité à rester chez soi pour une durée indéterminée. Personne ne pense alors devoir vivre sous ce régime plus d'une année. Pourtant, cet isolement – même relatif – ne sera levé que le 3 mai de l'année suivante. Dans ces conditions, la grève ne risque-t-elle pas d'être compromise, voire cassée ?

Les clients ne fréquentent plus les hôtels, pour la plupart fermés. De même, nos soutiens ne sont plus en mesure d'alimenter la caisse. Ils ont d'autres chats à fouetter. Une attestation de déplacement dérogatoire a été instaurée pour s'autoriser soi-même à sortir de chez soi. Elle comporte de nombreux motifs, tels que déplacement entre le domicile et le lieu de l'activité professionnelle, santé, accompagnement des enfants à l'école, convocation administrative ou judiciaire… mais malheureusement, le gouvernement a oublié la case déplacement entre le domicile et la caisse de grève des femmes de chambre de l'hôtel Ibis des Batignolles.

L'hôtel Ibis est donc déserté, de ses clients, de son personnel, de ses grévistes. J'ai presque envie de dire… pour la plus grande joie de la direction. En quelque sorte, les étoiles s'alignent pour STN : la grève, pensent-ils, s'éteindra d'elle-même. Et si le covid-19 nous épargne – ce qui est loin d'être sûr à l'époque, où le virus tue méchamment –, tout redeviendra comme avant après le confinement. À condition, bien sûr, que nos savants découvrent le remède miracle, un vaccin par exemple.

Et pourquoi pas un vaccin contre le virus de la grève, d'ailleurs ?

Alors le syndicat nous soumet une nouvelle stratégie. Claude et Tiziri nous informent que les hôtels doivent fermer dès le lendemain pour cause de confinement. Dans ces conditions, il n'y aura plus de travail. Claude nous propose d'envoyer un courrier à Sous-Traitance Nettoyage, dans lequel il leur signifie que les femmes de chambre tiennent à reprendre le travail. Vous l'aurez compris, étant donné les circonstances sanitaires, reprendre le travail dans des hôtels désertés n'a aucun sens, puisqu'il n'y a pas de travail. Cependant, le gouvernement a mis en place un dispositif de chômage partiel : dans toute la France, les salariés restent chez eux tout en étant en partie rémunérés. Cette mesure d'exception activée pendant le confinement permet aux salariés d'être payés malgré l'interruption de leur activité. STN étant soumise à cette obligation, elle est contrainte de nous réembaucher. À partir de là, notre employeur fait comme tous les employeurs de France : il nous met en chômage partiel. En d'autres termes, le chômage partiel se substitue à la caisse de grève sans que nous reprenions nos postes : l'arrêt de travail continue…

Au fil des semaines, le confinement s'assouplit, les vols aériens reprennent, les touristes reviennent, les hôtels du groupe Accor réouvrent avec parcimonie. Mais la reprise d'activité ne suffit pas encore à ce que nous soyons rappelées. Au contraire, c'est Tiziri qui appelle différentes réceptions, jouant les clientes. En toute innocence, elle demande :

– Bonjour, je souhaiterais réserver une chambre chez vous mais… êtes-vous ouverts ?

– Bien sûr, madame. J'ai le plaisir de vous annoncer que l'hôtel a réouvert depuis maintenant trois jours.

– Parfait ! Merci beaucoup, on arrive !

Dans la demi-heure, le hall de l'hôtel Pullman Tour Eiffel est envahi par des femmes noires munies d'instruments de musique et de confettis. Le théâtre recommence : occupation des halls d'entrée, jet de confettis, danses, chants et autres manifestations de notre présence. On met le feu ! Eh oui, messieurs-dames, les femmes de chambre sont encore là ! Notre employeur – grâce aux aides de l'État – finance notre grève larvée !

Ce paradoxe doit le rendre fou.

Tiziri et Claude organisent aussi des rassemblements et des actions dans d'autres villes comme Marseille ou Strasbourg. On est même allées à Bruxelles pour crier notre révolte dans les hôtels du groupe Accor. Il fallait les dénoncer partout et se déplacer partout !

Pour cette raison peut-être, quelques jours plus tard, les grévistes reçoivent un courrier de la part de STN. Celui-ci leur indique formellement la réouverture de quelques hôtels. En conséquence de quoi les femmes en grève peuvent-elles reprendre le travail ?

Le ton de cette lettre est très ironique. Je ne sais pas si c'est volontaire, mais en tout cas Tiziri et Claude déposent vingt dossiers en référé devant le conseil des prud'hommes pour discrimination syndicale. Car seules les grévistes ont été appelées à reprendre le travail ! Alors oui, pas de problème, bien volontiers, mais si les grévistes reprennent le travail, il serait plus équitable que tous les employés de l'hôtel le fassent ! Tout le monde doit reprendre le travail, monsieur le directeur… On ne peut pas faire de tri, donner du travail aux grévistes et laisser les autres à la maison ! Au nom de quoi, s'il vous plaît ?

Comme nous nous y attendions, on nous envoie une fin de non-recevoir : il n'y a pas suffisamment de travail pour tous, affirme STN, et les conditions sanitaires ne permettent pas la reprise d'une pleine activité.

Ah bon ? Alors on se met en grève, monsieur le directeur !

Et c'est ainsi que la grève reprend, et se poursuit pendant tout le confinement, un exploit. Une fois le confinement levé, début mai, nous sommes toujours en grève. Entre-temps, nous avons participé au cortège syndical du 1er mai.

La prise de conscience de notre employeur est douloureuse : cette fois, il se rend compte qu'on ne lâchera rien. Les hôtels ne supportent plus notre présence festive et colorée. Cachez ces femmes de chambre en grève qu'on ne saurait voir ! Clairement, les fêtardes deviennent beaucoup trop visibles, les clients ne s'habituent pas, si seulement nous pouvions redevenir discrètes, plus discrètes que des souris.

Malheureusement, les souris se sont transformées en éléphantes, et les hôtels sont des magasins de porcelaine. Tout y est si fragile ! Aux grands maux les grands remèdes, notre employeur vient enfin à la table des négociations, une vraie table, de vraies négociations, *mano a mano* !

Le corps à corps démarre à l'Ibis des Batignolles, en présentiel, à la levée du confinement, en mai 2021. Sont présents autour de la table : nous, les grévistes, accompagnées de Claude et de Tiziri. Une partie de la direction de la CGT-HPE s'oppose à leur participation… et à la grève ! Ils devront se battre pour être présents et soutenir les grévistes jusqu'au bout… Bien habillées et bien maquillées, nous sommes aussi présentables que les hommes cravatés assis face à nous. Le groupe Accor est représenté par un avocat en costume, Sous-Traitance Nettoyage est là également, mais aussi la DREETS, direction régionale des entreprises, de la concurrence, de la consommation, du travail et de l'emploi. Bref, on ne blague plus. Plusieurs jours sont nécessaires pour passer en revue toutes nos revendications, qui ne sont pourtant pas bien compliquées.

La tenue ? Ils sont d'accord. Terminé le synthétique.

Les chaussures ? D'accord aussi. Dorénavant, ils les paieront, oui, et elles seront ergonomiques. Elles amortiront les chocs, tous les chocs causés à nos articulations.

La pointeuse ? Écoutez… si vous y tenez, pas de problème !

Nous consentons également, mesdames, à vous offrir une indemnité de nourriture.

– Mais…

– Quoi, mais ?

Mais pas de 7,24 euros. Sans quoi le groupe Accor mettrait la clé sous la porte. On ne voudrait pas couler le groupe Accor quand même ? Doivent-ils nous rappeler qu'en tel cas nous en serions les premières victimes ?

– Aussi… nous vous proposons de transiger à 5,30 euros.

Nous échangeons des regards interrogateurs, que les négociateurs interprètent comme une brèche. Ils s'y engouffrent :

– En revanche, mesdames… concernant votre demande de modification du contrat à temps partiel de sept femmes de chambre, dont vous souhaitez faire un temps plein… étant donné la conjoncture, et certaines contraintes juridiques complexes… qui seraient longues à exposer…

– Exposez, exposez, nous sommes tout ouïe.

L'avocat n'expose pas. Il blêmit légèrement parce qu'il ne s'attendait pas à ce que nous comprenions son verbiage. Lui a bac + 12 et nous, bac - 7. Lui est un homme, nous sommes des femmes. Lui est pâle comme il faut et nous sommes trop basanées. Franchement, on ne peut pas faire plus cliché. Il devrait nous écraser, non ? Pourquoi est-ce si difficile ? Notre employeur prend sa suite : on ne peut raisonnablement pas envisager une prime de 7,24 euros, également compte tenu d'éléments budgétaires que nous ne pouvons pas évoquer ici, du fait du secret des affaires.

Voilà, ils nous embrouillent. Et la baisse de la cadence ? Et le passage à temps plein des copines ? Voilà, on reconduit la grève.

Le tapage recommence dans tous les halls d'hôtels possibles et imaginables.

Quelques jours plus tard, le 21 mai, nouvelle médiation. Celle-ci, nous promet-on, sera sérieuse. Et en effet :

– On vous donne tout… excepté l'internalisation.

Vrai, nous avions aussi demandé à travailler directement pour le groupe Accor, sans plus passer par la société de sous-traitance. Tiziri et Claude plaident depuis plusieurs années pour l'internalisation du service des étages qui est le cœur d'activité des hôtels. Sa sous-traitance est un non-sens total. C'est une délocalisation sur place pour faire du dumping social et de la surexploitation des femmes de chambre. Mais le non à l'internalisation est catégorique. Un plan de licenciement est prévu, paraît-il, sept cents personnes à mettre à la porte, alors Accor ne va pas nous recruter ! On accepte de les croire. En dehors de cela, 99 % de nos demandes sont satisfaites, baisse de cadence comprise : désormais ce sera trois chambres par heure pour les petites chambres, et deux pour les plus grandes. Une pause de trente minutes nous est également octroyée. Nous avons aussi une augmentation de salaire de 250 à

500 euros par mois, accompagnée d'une augmentation des qualifications. Cerise sur le gâteau, passage en CDI des salariés en CDD et à temps complet pour celles à temps partiel qui l'ont demandé.

L'impossible était donc possible ?

Une fois l'accord signé, nous sortons de l'hôtel, en liesse, les médias sont là. Jamais je ne les avais vus si nombreux. Quelque chose d'historique vient de se passer. L'ambiance est à la fête. On danse, danse, danse. On a gagné. C'est magnifique. Vraiment magnifique.

Encore merci à Claude et Tiziri, ils étaient nos piliers de grève, et sans eux je ne sais pas si nous aurions tenu. Présents du début à la fin, ils nous ont écoutées, conseillées, tous les jours. Nous avons ri et pleuré ensemble. Soudés.

Claude et Tiziri m'ont toujours encouragée et donné la force et la confiance en moi. Ils ont été attaqués et humiliés, à plusieurs reprises, y compris par des personnes de la CGT, mais jamais ils ne nous ont lâchées. Ils ont tenu le coup, parfois difficilement, mais n'ont jamais rien abandonné. La confiance née entre nous a grandi au point que nous sommes devenus une famille, pour la vie. C'est aussi grâce à leur présence à mes côtés que je suis arrivée là où je suis aujourd'hui. Ce sont des militants exemplaires comme on aimerait en rencontrer plus souvent.

24

Comment je m'engage à La France insoumise

Pendant la grève, nous étions suivies par Claude et Tiziri, mais aussi par plusieurs députés de La France insoumise. Éric Coquerel, François Ruffin ou Danièle Obono venaient sur le piquet de grève pour nous apporter leur soutien. Je me rappelle aussi Clémentine Autain, Danielle Simonnet… François Ruffin notait nos revendications sur un petit cahier. Souvent, ces députés marchaient avec nous et prenaient la parole, pour nous. Je n'oublierai pas non plus Leïla Chaibi et Younous Omarjee, deux eurodéputés de LFI. Marie Toussaint, d'Europe Écologie-Les Verts, Laurence Cohen, sénatrice du parti communiste…

Laurence Cohen s'était battue pour nous décrocher un rendez-vous avec Marlène Schiappa, à l'époque secrétaire d'État chargée de l'égalité entre les femmes et les hommes. Celle-ci avait déclaré vouloir faire de la question des droits des femmes de chambre son combat. Il n'en a rien été dans les faits. Elle est venue sur le piquet de grève un matin sans même que nous, ou la CGT HPE, notre syndicat, n'en soyons prévenus. Malgré la discussion que nous avons eue avec elle ce jour-là et malgré un entretien avec son directeur de cabinet, en présence de ma collègue Sylvie, de Tiziri et de Laurence Cohen, rien n'en est sorti. Mme Schiappa n'a rien fait pour obtenir une médiation ou quoi que ce soit d'autre.

Ses déclarations étaient restées lettres mortes.

Ceux qui nous ont soutenues m'ont d'autant plus touchée.

Je me rappelle un jour de marche, nous passons devant le tribunal de Paris, Porte de Clichy, dans le XVIIe arrondissement de Paris. On s'arrête sur le parvis pour « gueuler » nos doléances. Soudain Éric Coquerel sort sa carte Ibis, dont il est un client fidèle, aux Batignolles. Il attrape une paire de ciseaux et coupe cette carte de fidélité en deux : divorce. À cet instant, je mesure la force des symboles, et je prends conscience des enjeux politiques : militer dans des syndicats ne suffit pas.

Le combat des femmes de chambre de l'hôtel Ibis était emblématique des luttes sociales, mais il faut agir de manière plus globale. Notre cause symbolise une souffrance beaucoup plus large – la déshumanisation – et notre victoire est un signe d'espoir pour tous ceux qui sont malmenés.

Quelque chose existe, que je ne savais pas nommer alors qu'il gouverne toute ma vie : l'intérêt collectif. L'intérêt collectif est au-dessus de tout. Pour le servir, et pour permettre à ceux qui souffrent d'aller mieux, une seule solution est envisageable : s'engager en politique.

En fait, la lutte ne s'arrête jamais.

La vie est un combat, et ce combat est noble. Je suis une guerrière. Une guerrière certes quelque peu essorée par ces vingt-deux mois de lutte. 99 % de nos revendications gagnées, je mérite bien des vacances, non ? Et si je prenais trois semaines de repos en Côte d'Ivoire ?

Avant cela je prends contact avec La France insoumise. Hadi, responsable de l'antenne de ma ville, me répond au téléphone. De but en blanc, je lui annonce :

– Vraiment, ça m'intéresserait de m'inscrire sur la liste de La France insoumise et de travailler avec vous.

Surpris mais intéressé, il se réjouit et promet de me rappeler dès qu'une réunion s'organise.

Heureuse, je prépare ma valise et vais voir mon père à la maison de retraite où il se trouve depuis peu. Papa voudrait bien prendre l'avion avec moi. Rentrer au pays. Mais après quatre AVC, son état de santé est vraiment dégradé, il est paralysé.

– Si tu viens avec moi en Côte d'Ivoire, papa, qui va s'occuper de toi en dehors de moi ?

Il faut noter que papa est incontinent et requiert l'assistance de plus de deux personnes dont c'est le métier. Je ne me vois pas confier mon père au premier bénévole venu, même de bonne volonté. Alors papa se renfrogne et je le comprends. À sa place, je serais très déçue. Si je n'écoutais que mon cœur… mais je m'efforce de le ramener à la raison.

– Des aides-soignantes s'occupent de toi, ici, papa. De jour comme de nuit, elles prennent soin de toi. J'ai entendu dire que certaines te font même des câlins ! C'est mieux que tu restes à Chevilly. À Abidjan, les gens vont te traiter de sorcier juste parce que tu es handicapé.

Papa ne dit rien. Un peu triste, il m'écoute.

– Ici au moins tu es entre de bonnes mains, et je préfère te savoir en sécurité.

Je lui promets que nous l'appellerons tous les jours, avec la vidéo, quand je serai chez ma sœur Alice. Ainsi, il pourra voir toute la famille, et quand il sera guéri, nous retournerons en Côte d'Ivoire ensemble.

Seulement j'oublie les mots prononcés par le médecin quelques années plus tôt : « Il ne marchera plus. Il ne pourra plus se tenir. Je lui donne dix ans. »

En théorie, il nous en reste quatre. Mais nous avons fait abstraction de la prévision du médecin et papa se réjouit de repartir un jour. Tous, nous nous sommes mis en tête qu'une guérison était possible. Papa le premier :

– D'accord, ma fille. On ira quand je serai en meilleure forme.

Jusqu'au bout, il aura espéré pouvoir retourner en Côte d'Ivoire.

La grève terminée, je file à l'aéroport et j'embarque avec beaucoup moins d'appréhension que vingt ans plus tôt : les avions se sont habitués à moi, et réciproquement. Depuis mon arrivée en France en 2000, je suis retournée plusieurs fois au pays : les trous d'air ne m'effraient presque plus. Six heures de vol plus tard, j'atterris à l'aéroport international Félix-Houphouët-Boigny, du nom du fameux homme politique français qui devint le premier président de la

République ivoirienne. Je souris à l'idée que ce libéral a été un syndicaliste communiste à ses débuts. Dans les années 1940, avant son mandat de député « indigène », il avait créé un Syndicat agricole, anticolonialiste et antiraciste. Drôle de vie que celle de Houphouët-Boigny, quel sacré personnage !

Je pose le pied sur le tarmac ivoirien avec émotion, consciente de ma chance : désormais de double nationalité, française et ivoirienne, je peux aller et venir entre mes deux pays sans embarras administratif. Si le billet était moins coûteux, je ferais le voyage plus souvent.

Je retrouve ma petite sœur Alice, qui habite toujours l'ouest de Yopougon, dans le quartier dénommé Lièvre rouge. Les retrouvailles sont chaleureuses, je me détends en famille, avec les nièces et les neveux, que je n'avais pas vus depuis trois ans. Une vie simple. Je revois aussi les amis…

Je suis également très heureuse de revoir Roméo, mon fils aîné, qui vit chez Alice. C'est un beau gaillard de trente ans, maintenant. Il gagne sa vie dans le bâtiment. Roméo n'a pas encore fait de moi une grand-mère. J'aimerais bien !

Trois semaines de vacances plus tard, je reprends l'avion en sens inverse, direction l'aéroport international Roissy-Charles-de-Gaulle. À la différence de Houphouët-Boigny, je ne crois pas que le général ait jamais été syndicaliste. Néocolonialiste pour certains, mais communiste, je serais très étonnée…

C'est pourtant un passeport européen que je présente à la police des frontières à mon retour en France.

Dès le lendemain, je reprends mon uniforme de femme de chambre, 100 % coton. Quel luxe ! Tout a changé à l'hôtel Ibis : la paie, augmentée, tombe sonnante et trébuchante, avec l'indemnité de nourriture. La pointeuse rutile contre un mur après la porte de service. Désormais, nous sommes munies du badge qui nous permet de consigner toutes nos heures, y compris supplémentaires. Elles sont nombreuses. Et elles sont payées. Dorénavant nous ne serons plus rémunérées à la chambre, comme des entrepreneuses indépendantes qui auraient une obligation de résultat. Nous sommes salariées, payées à l'heure et protégées par le Code du travail.

Au début, on a du mal à réaliser : c'est quasiment un autre monde.

La vie, brusquement, devient plus agréable, jusqu'aux temps de pause qui nous sont octroyés. La cadence réduite nous permet de nous occuper correctement des chambres, dans le calme et la sérénité. Nous ne sommes plus ces robots qui courent et qui courent et qui courent pour faire du chiffre. Humaines, nous sommes traitées comme telles. Au fond, n'est-ce pas simplement la déshumanisation générale que nous dénoncions ? Et notre humanité que nous revendiquions ? Celle-ci a été en quelque sorte reconnue. Franchement, quand vous êtes traité comme un humain, tout va bien.

La lutte contre toutes les formes de déshumanisation sera au cœur de mon ambition politique. Pour le moment, celle-ci n'est qu'une graine dans mon cœur. Elle est sur le point de germer, grâce à Hadi, qui n'est pas très long à me rappeler. Après un bref échange de politesses, il m'annonce :

– On organise une réunion de travail. Est-ce que tu peux venir ? Ce serait l'occasion de te présenter à ceux qui ne te connaissent pas.

J'inscris la date dans mon agenda et attends le jour J avec impatience. Il arrive enfin ; je me pomponne un peu pour aller à la réunion en question. Organisée dans une salle mise à disposition par la mairie, elle rassemble beaucoup de monde. Hadi me présente sans chichis :

– Voilà Rachel, elle habite Chevilly-Larue. C'est elle qui a mené la grève des femmes de chambre de l'Ibis des Batignolles. Elles ont gagné. Comme quoi… c'est possible.

Je les sens fiers d'intégrer une simple femme de chambre dans leurs rangs. De mon côté, je trouve du sens à m'associer à ces personnes dont le combat rejoint le mien.

Et c'est ainsi que j'adhère à La France insoumise. Humanisme et inclusion sont au cœur de leur programme. D'après moi ils en ont fait la démonstration par leur présence à nos côtés pendant la grève.

Dans l'hémicycle, nous portons la voix des invisibles.

25

En campagne !

Très vite, je suis impliquée dans la campagne de Jean-Luc Mélenchon pour les élections présidentielles de 2022. Là encore, tout commence par un coup de téléphone. Éric Coquerel, député de Seine-Saint-Denis depuis 2017, m'appelle quelque temps après mon adhésion. Jean-Luc Mélenchon vient alors d'annoncer qu'il a obtenu 270 000 parrainages citoyens.

Vous rappelez-vous le parrainage citoyen ?

Au départ, c'est une idée de la commission Jospin. Créée en 2012, elle rédige un long rapport sur les institutions et la vie publique. Dans ses propositions figure celle d'une investiture populaire des candidats aux élections présidentielles : on remplacerait le parrainage des élus, pour se présenter à ces élections, par un parrainage citoyen. Ainsi, pour devenir candidat au plus important poste de l'Élysée, 150 000 signatures de citoyens lambda seraient exigées plutôt que les 500 signatures de députés actuellement obligatoires. Hélas, cette belle avancée démocratique n'a jamais été mise en place. Comme d'autres, le rapport Jospin prend probablement la poussière dans un tiroir de la République.

C'est pourtant sur ce fondement que Jean-Luc Mélenchon se présente aux élections. Quand il fait état de sa candidature, en novembre 2020, il la conditionne à un vote populaire : ceux qui souhaitent le voir prétendant à la succession d'Emmanuel Macron « votent » sur une plateforme en ligne. Créée par le mouvement, elle s'appelle « Nous sommes pour ! ».

En quatre jours, notre candidat obtient les 150 000 parrainages.

Un an plus tard, en janvier 2022, il en a rassemblé 270 000.

C'est un résultat encourageant. Car qui est le plus légitime ? Celui qui obtient la signature de seulement 500 élus, avec les combines qu'on connaît, ou celui qui obtient la signature de près de 300 000 personnes, sans possibilité de tricher ? Certes, ce n'est pas une garantie de victoire à la fin, mais ce dispositif permettrait de faire émerger de nouvelles voix…

C'est à ce moment qu'Éric Coquerel, très enthousiaste, me contacte. Pour résumer notre conversation, d'ailleurs très brève, est-ce que je serais d'accord pour participer à la campagne ?

Cette proposition m'électrise. Folle de joie, je saute sur l'occasion. Sauf que…

– Je suis en vacances en Côte d'Ivoire !

Éric me dit quelque chose du genre : « Écoute… si tu veux faire campagne avec nous, tu m'appelles dès ton retour. »

Dès mon retour, je suis conviée au meeting du 20 mars, place de la République. Mémorable. Ma première intervention publique aura lieu devant un nombre de personnes que je serais bien incapable de calculer. C'est une marée humaine, la fameuse foule qui vous entraîne et vous emporte.

Nous sommes la veille du printemps, grand soleil sur Paris, le ciel est bleu. Après une marche pour la VIe République, depuis la Bastille, nous rejoignons le point de rassemblement place de la République, où une grande estrade est installée pour un live, avec tout ce qu'il faut de sonorisation pour un concert et des prises de parole.

Les DJ d'Acid Arab ouvrent le meeting, suivis du rappeur Sako qui exprime son soutien à Jean-Luc Mélenchon. L'artiste de cabaret Nawel Dombrowsky chante « Ma France » de Jean Ferrat. La mer de monde vibre sur la place, une liesse populaire déferle et dégage beaucoup, beaucoup d'espoir. De l'amour, même. Ils sont 100 000, 100 000 personnes qui croient en la possibilité d'un monde meilleur. Les femmes de chambre de l'hôtel Ibis ont montré que c'était possible.

À mon tour de monter sur scène, accompagnée de l'avocat Raphaël Kempf, du syndicaliste Mickaël Wamen qui s'est battu contre Goodyear, de la comédienne engagée Audrey Vernon, et du maire de Trappes, Ali Rabeh. Avant que Jean-Luc Mélenchon ne prononce son discours, chacun d'entre nous prend la parole.

Je suis sur une autre planète. C'est un monde dont on a du mal à croire qu'il existe avant de le rencontrer.

Tremblante, je me dis intérieurement : « Est-ce que c'est vraiment toi devant toutes ces personnes ? » Et je me réponds à moi-même : « Eh oui, ma vieille, c'est toi. Tu as intérêt à assurer ! »

Certes, pendant la grève, j'ai porté la parole des femmes de chambre un peu partout, jusque dans les universités. Mais une telle foule, un peuple si immense, ces humains réunis par un idéal commun, c'est vertigineux.

Mes oreilles bourdonnent.

Raphaël, qui passe juste avant moi, exprime l'espoir qu'il porte et qu'il partage avec *ma France*, ci-devant regroupée. Dans quelques secondes, je prends la parole à sa suite. Légèrement tétanisée, j'essaie de porter mon regard aux limites de cette mer de monde, mais elle s'étend à perte de vue, comme si elle ne s'arrêtait jamais. Et elle applaudit à tout rompre. Devant le micro, je me mets à trembler, le trac, et puis je prends une grande inspiration avant de me jeter à l'eau :

– Merci à tout le monde !

Je les remercie, oui, pour leurs applaudissements. Est-ce vraiment moi qui suis en train de parler devant cette déferlante ?

Eh oui, ma vieille, c'est toi.

– Bonjour à tous et à toutes !

– Ouaiiiiiiiiis !

La clameur s'élève tant que je dois m'interrompre pour laisser l'ovation monter, monter, puis s'éteindre doucement. Si on m'avait dit qu'un jour je vivrais cette émotion collective, cet embrasement général place de la

République, dans la France de Jean Ferrat, je n'y aurais jamais cru. Ja-mais ! Pourtant, tout arrive ! Galvanisée par les encouragements de la foule, je reprends :

– Je suis l'exemple d'une victoire historique !

– Ouaiiiiiiiiiis !

L'enthousiasme m'emporte, je lève le poing et j'ai les lèvres qui tressautent de joie. Ce sourire sautillant sur mes lèvres, je poursuis :

– Pendant vingt-deux mois, nous avons mené un combat, contre l'exploitation, et contre la sous-traitance. Face à un grand groupe hôtelier, Accor…

– Ouuuuuuuh !

– Harcèlement moral ! Mépris ! Bas salaires ! Viol ! Notre victoire est le fruit d'une mobilisation collective !

Une salve d'applaudissements me répond. Tout bas, je pense que dans la vie il ne faut jamais se dire « c'est fini pour moi ». Ne jamais désespérer. Face à moi, 100 000 personnes m'accordent de l'importance. Deux ans plus tôt, je ne valais rien. Personne ne me regardait dans la rue. Deux ans plus tôt, j'étais la femme de chambre africaine qui avait interdiction de prendre l'ascenseur de l'hôtel. Deux ans plus tôt, ma vue dérangeait.

Et tout à coup les projecteurs sont sur la femme qu'on ne veut pas voir ?

100 000 personnes, tous milieux confondus et toutes couleurs mêlées, se reconnaissent en moi. Des personnes qui ne sont pas forcément des femmes, ni des femmes de chambre, mais elles sont comme moi. Et je suis comme elles : nous sommes frères et sœurs en humanité.

– Maintenant nous allons aller plus loin ! Envoyez Jean-Luc Mélenchon à l'Élysée !

Ils tapent dans leurs mains, sifflent de joie, et je me sens de mieux en mieux, je suis telle une molécule de cette marée humaine, porteuse des mêmes valeurs que les miennes.

– En 2017, mon fils a pleuré parce que Jean-Luc Mélenchon a perdu les élections, alors qu'il avait proposé la cantine gratuite…

Je raconte cette anecdote en souriant, et des sourires me répondent.

– Et quand Jean-Luc Mélenchon a perdu… ça lui a fait très mal ! En 2022, avec Jean-Luc Mélenchon, la cantine sera gratuite !

– Ouaiiiiiiiiiis !

– Mélenchon Président !

Voilà, j'ai fini, je recule de quelques pas, et puis je me retire. Mon intervention aura duré une minute et quarante-sept secondes, exaltantes.

26

Ça te dirait, l'Assemblée nationale ?

Malheureusement, la passion des uns et des autres à faire campagne ne suffira pas. Il nous aura manqué un peu plus de 400 000 voix pour passer au second tour, le 10 avril 2022. La déception est grande, mais Marine Le Pen nous devance et elle a elle-même plus d'1,5 million de voix de retard sur Emmanuel Macron. Étant donné que les votants sont près de 36 millions, et les inscrits, pas loin de 50 millions, on peut dire que notre défaite s'est jouée dans un mouchoir de poche.

Malgré ce revers, mes enfants sont fiers de leur mère. Surexcités quand ils me voient dans le poste :

– Maman, on t'a vue à la télévision ! On t'a vue, tu as parlé ! On t'a vue !

Je conseille à mes enfants de prendre exemple sur tout ce qui s'est passé, tout ce qui nous arrive au fil du temps. De se battre à l'école, pour s'élever, de se battre pour sa vie. De ne pas trop compter sur maman, parce que moi, je n'ai pas compté sur mes parents. D'apprendre l'indépendance. Nos parents peuvent nous épauler, mais il importe vraiment de prendre sa vie en main. Parce que personne d'autre que soi n'en fera quelque chose. Mais pour faire quelque chose de son existence, il faut aussi comprendre le contexte dans lequel on se trouve.

Moi, j'ai pris l'avion, j'ai coiffé au noir, j'ai été expulsée, relogée, précaire. J'ai travaillé dans un supermarché, j'ai fait garde-malade, je me suis occupée des enfants des autres… et puis le ménage, et puis la grève, et puis l'engagement politique.

Jean-Luc Mélenchon n'a pas gagné les élections. Je garde un beau souvenir de ce combat. Beau et impérissable.

La lutte continue.

On ne s'en sort pas sans comprendre le système, le fonctionnement du pays dans lequel on se trouve. Comment ça marche.

Du jour où j'ai posé le pied sur le tarmac de Roissy-Charles-de-Gaulle, j'ai appris.

Tous les jours j'ai appris des coups reçus, j'ai encaissé, je suis tombée, je me suis relevée, j'ai avancé.

Pour mes enfants, pour ma famille et pour tous ceux qui se reconnaissent en moi.

Si Jean-Luc Mélenchon appelle à ne pas donner sa voix à Marine Le Pen au second tour, il ne donne aucune consigne de vote. Avec le recul, sa position me paraît la plus respectable et la plus raisonnable qui soit. De une, les électeurs n'ont pas à subir la tutelle des partis politiques, et de deux, quand on sait ce qu'il adviendra du front républicain quelques mois plus tard… À quoi bon faire barrage contre l'extrême droite au printemps 2022 si c'est pour reprendre ses idées dans la loi Immigration, durcie par le Sénat et la commission mixte paritaire, puis adoptée par l'Assemblée nationale en décembre 2023 ?

Personne, l'année précédente, n'imagine un tel scénario. La présidentielle perdue, il s'agit pour nous de se relever. Se remettre d'aplomb prend quelque temps, celui de digérer la défaite. Je me sens découragée, rongée de doutes et d'incompréhension. La déception est si grande que, je l'avoue, je me pose aussi la question : y a-t-il eu de la triche aux élections ?

Avec le recul, cette interrogation me fait sourire, mais la campagne 2022 a été si belle et si riche, sans doute la plus réussie de toutes, que la défaite m'assomme. Quand la victoire est à portée de main, quand vous pouvez presque la palper, il est difficile de réaliser, puis d'accepter qu'elle vous a échappé. Et cela d'autant plus que les électeurs ont renouvelé le mandat du Président sortant. Encore cinq ans avec Emmanuel Macron ! N'a-t-il pas été contesté, conspué même, durant tout son mandat ?

Incompréhensible.

Les Gilets jaunes ont dû déchanter.

Déçue, je traverse un court passage à vide, un gros coup de blues. Vidée de mes forces vitales, je retourne à la vie civile, le temps de cicatriser la blessure.

Jusqu'au jour où, un dimanche que je passe tranquillement chez moi, mon téléphone sonne. C'est encore Hadi, le référent de La France insoumise de

Chevilly, qui m'appelle. Après des salutations joviales et l'échange de quelques nouvelles, il lance :

– Est-ce que ça te dirait d'être candidate aux législatives ?

J'éclate de rire. Moi ?

Mes réserves amusent Hadi.

– Oui, toi !

En réalité, je suis victime des stéréotypes que je combats. C'est-à-dire que je n'arrive pas à m'imaginer députée. Moi, une femme de chambre, j'irais siéger à l'Assemblée nationale ? Avec mon accent et mon niveau CM2 ?

– Mais enfin, Hadi… puisque je te dis que j'ai arrêté l'école au CM2 ! Qu'est-ce que je vais faire face à ces gens qui ont bac + 15 ?

– Pour commencer, tu ne vas pas te laisser impressionner.

Facile à dire. Certes, j'ai tenu tête à la direction de STN et du groupe Accor. Je n'ai fait qu'une bouchée de l'avocat du groupe Accor. J'ai parlé devant une marée humaine. Mais cette fois la mission me paraît impossible. Pourtant Hadi semble convaincu : je vais y arriver, m'assure-t-il. Je résiste :

– Y arriver ? Mais j'y arriverais comment, Hadi ? Comprendre les textes, les… comment on appelle ça, déjà ?…

– Les amendements ?

– Oui, les amendements. Tout ça ! Comment veux-tu que…

– Tu es une battante. Tu peux nous défendre à l'Assemblée nationale. Ta voix porte. Tu l'as montré, non ?

Je ne peux pas le contredire. Brusquement, j'entends une voix qui s'emballe :

– OK ! OK, je vais essayer !

Cette voix soudain ardente sort de ma bouche, oui, c'est moi. Moi qui jusque-là n'ai été qu'une femme de chambre en grève cégétiste, puis une adhérente à La France insoumise en campagne, je viens d'accepter d'être candidate aux élections législatives. Moi, Rachel Keke, née à Abidjan en 1974, je me présente au suffrage universel direct ?

L'inconsciente !

En même temps, Papy doit être content. Ça lui ferait une belle revanche. Une réparation pour tous les tirailleurs sénégalais qui n'étaient pas nécessairement du Sénégal.

C'est parti. Mais ça ne va pas être facile ! Il conviendra de prendre le temps d'observer, d'écouter, de se former. Lire beaucoup, aller vers les gens, discuter, écouter. Rencontrer les électeurs mais aussi les élus, dialoguer avec tout le monde pour comprendre les besoins, les enjeux et… également se familiariser avec le fonctionnement de l'Assemblée nationale.

Hadi me rassure à ce sujet :

– Si tu es élue, tu auras des collaborateurs. Ils t'assisteront.

Grisée autant qu'effarée, je me lance, consciente du très grand nombre de personnes qui ne croient pas ma victoire possible. Mais qui va voter pour elle ? Elle sait à peine s'exprimer. Elle parle mal. Elle a un accent. Elle porte des turbans africains. Elle est vraiment française, elle ?

Parfois, je réponds à mes détracteurs.

– D'accord… je porte le pagne et je parle comme une poissonnière du marché d'Adjamé. Mais vous savez, aujourd'hui les gens ne cherchent pas des élus qui s'expriment comme des académiciens. Ils veulent des gens qui sont sur le terrain. Des gens qui les comprennent vraiment. Qui comprennent que la vie n'est pas facile.

Et je peux témoigner de la difficulté à vivre avec 400, 500 ou 600 euros par mois. Bref, les sceptiques me donnent la gnaque : plus ils affichent leur incrédulité, plus je me convaincs que je vais gagner. Quand on part en guerre, ce n'est pas pour perdre ! En compétition aussi avec moi-même, je suis portée par l'envie de progresser. Résultat, on fait une très belle campagne, au contact des gens du quotidien.

Chaque jour, je fais du porte-à-porte en compagnie de militants, nous nous rendons aussi sur les marchés, les témoignages affluent et ils nourrissent nos propositions. Parfois, je discute avec les passants dans la rue, je les invite à venir aux meetings ou à des réunions de discussions au QG. Ce sont des lieux d'échanges de parole, de débats. L'équipe de campagne s'en sort bien ! Et moi, contre toute attente, je me sens comme un poisson dans l'eau.

Beaucoup de retraités se mettent à parler parce qu'ils ont le sentiment qu'on s'intéresse à eux. Ils racontent leur pension, moins de 800 euros par mois pour beaucoup d'entre eux, et qui est engloutie par le loyer. Impossible ensuite de finir le mois. Leurs témoignages me renvoient à ma propre enfance, juste après la mort de maman, quand nous mangions du 1er au 5, et après débrouille-toi. C'est pareil pour eux.

Ils se privent de tout.

Pas de viande, pas de poisson, pas de légumes frais, pas de fruits, on se retourne vers les grosses promotions au supermarché, sur les produits à la limite de leur date de péremption. On se nourrit chez les soldeurs qui vendent aussi des vêtements. Jusqu'à moins 80 % du prix d'origine.

Système D.

Je me rappelle un monsieur en situation de handicap, dépendant. Sa maison n'est pas chauffée parce que la chaudière est en panne et qu'il n'a pas les moyens de payer un plombier-chauffagiste.

Je me souviens de ces concubins obligés de se déclarer célibataires à la CAF, sans quoi leurs aides seront coupées. Sans aides ils ne pourraient pas vivre ! Leurs seuls salaires, même cumulés, ne suffisent pas à faire bouillir la marmite. S'ils se marient, boucler le budget sera encore plus difficile. Quand on change de situation sociale – mariage, concubinage –, les compteurs sont remis à zéro, les critères d'aide changent. Du jour au lendemain vous pouvez vous retrouver avec 500 euros de ressources en moins.

Il y a aussi ces jeunes gens qui viennent de passer le bac. Issus de quartiers populaires, ils témoignent de leurs difficultés à trouver des places à l'université. Et quand ils obtiennent leur master, mieux vaut qu'ils changent d'adresse, ou de nom.

– On a du mal à s'inscrire, madame, et on a aussi du mal à avoir une alternance pour continuer les études.

Comment payer ses études quand vos parents ne peuvent pas vous aider financièrement ? La bourse d'État n'y suffit pas. Les étudiants sont souvent contraints de trouver des petits boulots dans la restauration ou dans les supermarchés pour subvenir à leurs besoins. Je me souviens de plusieurs lycéens de 3e qui me racontaient leurs difficultés à trouver un stage car ils n'ont pas de réseaux. Ces enfants sont perdus et leurs parents désemparés. La situation est souvent plus difficile dans les familles monoparentales, où les mères isolées ne savent plus où donner de la tête.

La jeunesse des quartiers populaires souffre réellement. La discrimination fait loi et le mal-être de nos enfants est avéré. Le racisme structure leur vie et leur quotidien.

Dans ces conditions de vie difficiles, il est donc très compliqué de s'accrocher à l'école. Une école des quartiers, qui elle aussi est en grande souffrance car abandonnée par l'État.

C'est ça la réalité à laquelle s'ajoutent les contrôles policiers récurrents, les amendes abusives et les violences policières multiples.

Et quand ces jeunes se révoltent, ils sont réprimés, criminalisés, et même condamnés à des peines de prison. Leurs parents sont alors pointés du doigt, et désignés par les médias et le gouvernement comme démissionnaires.

Nos quartiers et notre jeunesse sont sacrifiés et abandonnés par la République.

Je me souviens de ce garçon :

– Ma mère est femme de chambre, et moi, mon école, si je n'ai pas d'alternance, elle me coûte 8 000 euros. Comment je fais ? Je suis obligé d'arrêter, madame.

Ces mots me touchent, énormément. Je ne les oublierai jamais. L'écrivain Xavier Le Clerc raconte très bien cette détresse. Quand il s'appelait Hamid Aït-Taleb, aucun recruteur ne le sollicitait pour un entretien d'embauche. Du jour où il a changé de nom, devenant Xavier Le Clerc, les propositions sont tombées à la pelle. Et c'est sous ce nom qu'il publie ses livres.

La victoire est plus que nécessaire. Je donne tout. Les médias s'intéressent à notre démarche, ils m'interrogent, ils me suivent.

L'intensité de la campagne m'oblige à arrêter le boulot. Pas le choix. J'ai essayé, dans les premières semaines, de concilier les deux, mais je finis par me rendre à l'évidence : une bonne campagne demande un investissement total. J'écris à mon responsable pour le prévenir. Il m'accorde un congé.

Face à moi, une ancienne ministre des Sports, un poids lourd adoubé par le gouvernement. Édouard Philippe, le Premier ministre, est venu lui donner tout son soutien face aux caméras. Apparemment je suis une rivale non négligeable. Malgré le scepticisme de certains, je reçois beaucoup d'appuis, d'Argenteuil, de Corbeil-Essonnes, de toute l'Île-de-France.

Des soutiens débarquent dans mon QG de campagne pour s'engager à mes côtés, distribuer des tracts, expliquer notre programme. Dire comment, avec les collègues femmes de chambre, nous avions *déjà* réfléchi à des solutions. Nous les avions trouvées, nous avions obtenu leur application, soi-disant impossible. Elles marchent ! Que je sache, elles n'ont conduit personne à la faillite. Et de toute évidence, augmenter les salaires et le niveau de vie des plus démunis est tout à fait réalisable. La preuve, le groupe Accor ne s'est pas écroulé suite à l'amélioration des conditions de travail des femmes de chambre. Ce cas d'école doit pouvoir s'élargir à tout le pays. Les entreprises françaises sont assez solides pour supporter de mieux rémunérer et de mieux traiter leurs employés. Tout le monde y gagnera. Regardez chez Accor… Jamais le ménage n'a été si bien fait. Tout cela doit pouvoir se faire à grande échelle !

Les gens sont de plus en plus nombreux à y croire, à nous suivre.

Mon parcours leur parle.

Pourquoi ne pas amener une femme de chambre à l'Assemblée nationale ?

19 juin 2022, me voilà députée de la République !

27

Et j'ai dansé devant le palais Bourbon

Les partis de gauche se sont coalisés dans la Nouvelle Union populaire écologique et sociale, pour faire front contre la majorité présidentielle. Bien leur en a pris : sur les 577 sièges que compte l'Assemblée nationale, la NUPES en remporte 150. C'est un peu plus du tiers des votes exprimés. Étiquetée sous le doux label Ensemble !, la majorité présidentielle a raflé 244 sièges, soit près de 39 % des votes : insuffisant pour gouverner car la majorité absolue s'établit à 289 sièges.

À quoi s'attendre ? Peut-être à ce que le jeu des alliances commence. Va-t-on voir notre parti présidentiel, qui ne se dit ni de droite ni de gauche, s'acoquiner avec la droite la plus extrême ? 17 % des votants ont en effet choisi le Rassemblement national.

La France insoumise remporte à elle seule 75 sièges. Bien que nous ne soyons pas majoritaires à l'Assemblée nationale, je ne boude pas mon plaisir de figurer parmi nos députés. Je suis élue de la 7e circonscription du

Val-de-Marne. J'en ai conscience, la mandature ne sera pas facile. Néanmoins je suis résolue à tout mettre en œuvre pour aider des gens, obtenir des avancées sociales. Je dois pouvoir convaincre mes collègues, quel que soit leur camp !

Mais comment les approcher ?

Les persuader de vous aider à ouvrir quelques portes ?

Cette question me tarabuste dès l'annonce des résultats. L'enjeu est immense, tant d'échos de souffrances résonnent encore dans ma tête.

Bientôt, tous les élus vont se croiser, lier connaissance, entrer dans l'hémicycle. Pour la première fois, pour une grande partie d'entre eux. C'est un peu comme une rentrée scolaire dans une nouvelle école ! La nuit d'avant on dort peu.

Étant donné mon parcours un peu particulier, c'est TF1 qui vient me chercher au pied de mon immeuble, deux jours après l'élection. Les médias s'intéressent au phénomène Keke… La première chaîne me suit jusque devant le palais Bourbon. Ce mardi 21 juin, premier jour de l'été, j'arrive à l'Assemblée nationale avec mes collègues de la NUPES, pour une matinée d'accueil. Je porte mon tailleur rose, mon collier en or, mon écharpe rayée et une coiffure sobre. J'espère ainsi être à la hauteur de l'événement, et de ma nouvelle fonction.

À peine descendue de voiture, je suis assaillie par une nuée de micros. De loin, Éric Coquerel s'en amuse : même le président Macron, plaisante-t-il, n'a pas eu un tel comité d'accueil le jour de son élection.

Rentrée peu conventionnelle, j'en conviens.

La cohue des journalistes m'encercle. Je me rappelle alors une promesse que j'avais faite : si je gagnais, je danserais devant le palais Bourbon.

Promesse tenue !

Je lance un morceau sur mon téléphone portable, et j'entame une danse de la victoire avec les collègues, sur une chanson de Josey. La danse dure quelques secondes sur le pavé. Dans la liesse générale, des députés se rapprochent de moi pour m'accueillir à bras ouverts et tout sourire.

– Je suis trop contente ! Trop contente !

Ma joie ne se retient pas, elle déborde, j'en suis presque ivre. Saoule de bonheur, je pointe la main vers l'entrée de l'Assemblée nationale, ma maison, notre maison à tous. Et je crie à la cantonade :

– Historique ! Je rentre *là* !

Je ris aux éclats tandis qu'un micro rouge à l'effigie de RFI se fiche sous mon nez. Dans mon dos, les appareils photo et les caméras se bousculent. Je poursuis :

– Je rentre là pour décider de lois concrètes pour le peuple !

Une nouvelle fois des députés me prennent dans leurs bras. Je me retourne vers les micros tendus comme des fleurs et, blagueuse, je déclare :

– Voilà… C'est pour dire que tout est possible. Il ne faut pas baisser les bras. J'ai lutté pendant vingt-deux mois, avec mes collègues, contre le groupe Accor. On les a mis à genoux. La ministre Roxana, je l'ai mise à genoux. J'ai pris la coupe du monde, et je vais à l'Assemblée nationale !

Ma dernière phrase provoque l'hilarité générale. J'entends quelqu'un dire avec joie :

– Championne du monde !

Quelques minutes plus tard, tous les élus de La France insoumise prennent la pause sur l'escalier, devant le palais, pour la photo de famille. Le V de la victoire formé avec nos doigts de la main gauche, le sourire aux lèvres, les cartables de certains abandonnés sur le côté, nous nous laissons photographier par les nombreux médias présents. Ensuite, nous répondons aux questions de la presse.

Une forte émotion personnelle face à ce premier combat, victorieux, suivi d'une autre grande victoire, électorale cette fois.

Et enfin nous pénétrons dans l'enceinte du palais Bourbon.

Mon cœur bat la chamade.

Combien de fois suis-je passée devant ce monument historique sans connaître son nom, sans avoir idée de son histoire et de tous les événements qui s'y sont déroulés et ont façonné notre démocratie ?

Quand je suis entrée dans le palais Bourbon, j'ai immédiatement vu Jean-Luc Mélenchon qui est venu féliciter les insoumis. Il m'a prise dans ses bras.

– Sois forte, ce n'est pas facile, tiens bon.

Il m'a félicitée. Il était très content que je sois élue de LFI. J'étais si heureuse de le voir et de l'entendre.

Après un moment, tous ensemble, nous entrons à l'intérieur du palais, en suivant une signalétique réservée aux députés. Enfin nous débouchons dans le mythique hémicycle, ce grand demi-cercle tout de cuir rouge, de bois, de marbre et de dorures. Jusqu'ici je ne l'avais vu qu'à la télévision. Là, je regarde, et je me dis : Waouh... C'est joli !

Très joli.

Un peu comme lors de ma découverte du métro vingt ans plus tôt, je me fais cette réflexion : c'est bien pensé, quand même. C'est bien construit. Comment ont-ils fait ? On se croirait au paradis.

Après le tour du propriétaire vient le protocole. Accompagnés de nos collaborateurs, nous allons récupérer nos mallettes de bienvenue. Je m'amuse de découvrir, à l'intérieur, un livre rouge et bleu d'une centaine de pages intitulé *Règlement de l'Assemblée nationale.* Oui, je vais bien devoir me former.

Le sac contient encore une belle écharpe tricolore, que je m'empresse d'enfiler autour de mon cou. Je ressens une immense joie. Fouillant encore au fond de ma mallette, je tombe sur du papier bulle, qui emballe une sorte de macaron bleu blanc rouge. Il ressemble à une cocarde républicaine, mais il fera office d'autorisation de stationnement aux abords de l'Assemblée.

Et soudain je réalise que ma vie a radicalement changé.

Je quitte l'hôtel Ibis.

Une des plus belles pages de ma vie se tourne, une autre s'ouvre où tout est à écrire. C'est grisant, et c'est vertigineux.

Ce qu'il faut en retenir ?

Tout le monde peut être député.

Rachel Keke

Tout le monde doit pouvoir l'être.
Je ne suis qu'un exemple.

28

Madame la députée

Une semaine plus tard, c'est jour de rentrée parlementaire.

Le premier jour de notre réunion de groupe à la salle Lamartine, Louis Boyard et moi nous croisons dans les toilettes. On se regarde et on se dit : On fait quoi ici, est-ce que c'est notre place ?

Finalement on est arrivés à cette conclusion :

– Si les Français ont voté pour nous, c'est qu'ils croient en nous, donc on mérite cette place.

Nous avons beaucoup ri et nous sommes promis d'être courageux, et de rendre fières les personnes qui nous avaient élus.

La rentrée parlementaire est quand même un événement très ritualisé… que je découvre au travers du « calendrier d'ouverture de la législature ». Tous les ans, il se déroule sur trois jours, et démarre le 28 juin pour l'année 2022. Une séance publique est prévue en début d'après-midi, il s'agit de l'ouverture proprement dite avec, notamment, l'élection du président de l'Assemblée nationale.

Je vous passe la remise des déclarations politiques des groupes, leur publication au *Journal officiel* et la répartition des postes du Bureau. J'en viens directement aux commissions. Permanentes, elles sont au nombre de huit, c'est là qu'on travaille : on y prépare le débat législatif, on y informe l'Assemblée, on y contrôle le gouvernement, on y procède à des auditions, sur tous types de sujet, pour instruire au mieux nos dossiers.

Mon début de mandat a été marqué par la sortie de captures d'écran de ma page Facebook. Comme le monde est cruel… Au moment où une femme de chambre arrive à l'Assemblée nationale, ses réseaux sont utilisés et ses publications, détournées à des fins racistes…

Je ne connaissais pas la politique avant. Je partageais ce que je voyais sur mon fil d'actualité, mais je n'ai jamais été une militante de quelque bord que ce soit ! La lutte m'a permis d'apprendre, grâce à elle j'ai profondément changé, je me suis créé des convictions. Il est important de le comprendre : avant d'être politisés, les gens ne le sont pas. Ils ont droit à l'erreur et ne doivent pas avoir honte de se tromper. C'est aussi pour ça que je fais beaucoup de terrain. Parler aux gens, les convaincre avec des idées de gauche, les inciter à ne pas croire tout ce qu'ils voient ou entendent. La politique s'accommode mal du mépris ; aller écouter les gens, les comprendre et construire des solutions avec eux, c'est ça, la politique.

Assez rapidement, j'intègre la commission des affaires sociales, où je me sens à ma place. Je travaille avec mes collaborateurs et collaboratrices. Ensemble, nous organisons mes prises de parole. Selon les sujets, le travail de préparation est plus ou moins important. J'ai une très bonne équipe, on travaille vraiment très bien ensemble ! Dans le bureau, il y a toujours beaucoup d'ambiance : on parle de l'actualité, on monte des projets, on est passionnés par ce qu'on fait. Chacun a sa personnalité, son histoire, son savoir, ses idées, ses forces. Souvent, ça se passe de cette manière : je souhaite travailler sur un sujet, j'en parle, je propose mes idées et ensuite nous construisons le projet tous ensemble. Être députée, ce n'est pas juste aller sur les plateaux de télévision, c'est aussi avoir un bureau, avoir une équipe que l'on dirige, des collègues, un groupe, des moyens… comme le matériel informatique.

Tout ça pour une ancienne femme de chambre !

La vie est si pleine de surprises !

Croyez en vous !

Chacun de nous possède cette capacité d'apprendre et de faire de belles choses. Il ne faut jamais baisser les bras ni se décourager juste parce que *ça ne va pas*.

Un jour, nous auditionnons le ministre du Travail sur le sujet du revenu de solidarité active, que le gouvernement veut réformer.

Vous travaillez, on vous donne, vous ne travaillez pas, on vous punit.

Pure démagogie.

Plutôt qu'assommer les pauvres et prétendre les mettre au pas (car ce sont des hordes sauvages), on ferait mieux de questionner un certain nombre de niches fiscales, non ? On y gagnerait plus d'argent et on arrêterait de culpabiliser les allocataires. Taxons les riches ! De l'argent, il y en a dans les poches du patronat !

Quelques semaines plus tard, on parle de l'augmentation du SMIC dans notre niche parlementaire. Assise dans l'hémicycle, j'entends et je vois les députés qui s'opposent à cette proposition de simple bon sens. Tous, ils gagnent plusieurs fois le SMIC, aucun n'accepterait de vivre au SMIC, et pourtant ils refusent cette augmentation.

Je rêve ou quoi ?

On marche sur la tête.

Est-ce qu'ils sont aussi propriétaires de sociétés qui exploitent des salariés ?

Augmenter les salaires, c'est le minimum syndical !

Que les gens puissent mieux vivre, est-ce que ce n'est pas ce que la République leur doit ?

Est-ce que la République n'est pas responsable, coupable, même, de la faim dont on crève, des logements dont on manque, de la souffrance partagée par des millions de jeunes, d'adultes, d'anciens ?

Ulcérée, je lève la main pour demander la parole, je me mets debout et je laisse parler ma rage :

– Qui ici a déjà touché 800 euros ? Qui ?! Personne !

Huées sur les bancs macronistes, alors j'enfonce le clou :

– 800 euros par mois ! Pas par jour !

C'est un buzz sur les réseaux sociaux. Malheureusement, le SMIC n'est pas relevé. Comment ce gouvernement peut-il mépriser les gens à ce point ? Comment peut-il rester là sans lever le petit doigt ? Les gens n'arrivent pas à finir le mois, ils se nourrissent parfois dans les poubelles, ils ne peuvent pas se soigner. On ne peut pas vivre avec 800 euros par mois. Je l'ai vécu, je sais ce que c'est. Eux, ils sont au pouvoir, ils ont les moyens de débloquer la situation et ils laissent les gens crever ? Ces députés qui ont voté contre l'augmentation du SMIC m'ont profondément choquée. J'en étais littéralement consumée de rage.

Car j'ai beau être députée, je n'oublie pas ma vie d'avant. Régulièrement je vais revoir mes anciennes collègues, pour m'assurer de leur bien-être. Jusqu'à aujourd'hui, les camarades sont toujours vigilants sur le respect de l'accord de fin de grève et du droit du travail de manière générale, et moi, j'apprends à devenir une personne publique.

Je n'avais pas anticipé, ni mesuré les enjeux de ce que représentait le fait d'être *la coqueluche des médias*. Très souple à mes débuts, je me mets peu à peu à refuser des invitations. Au grand dam de mon entourage, d'ailleurs, qui parfois s'en formalise :

– Pourquoi tu ne vas pas chez Untel ? C'est la septième fois qu'il t'invite !

En dépit des apparences, je n'ai pas une grande passion pour les médias, ni une grande attirance pour les projecteurs. Certains médias ont un problème avec la réalité, qu'ils tordent dans un sens ou dans un autre, d'une manière qui ne me paraît jamais innocente. Les mêmes déforment vos propos d'une manière qui ne me paraît jamais innocente non plus.

Je prendrai l'exemple d'un plateau de télé, où je me rends dans le but de parler des personnes qui travaillent. Je voudrais aborder le sujet de leur valeur, qui à mon sens n'est pas suffisamment reconnue. Je souhaiterais faire remarquer que les salaires sont dérisoires au regard du temps que les travailleurs passent à créer de la valeur, au regard aussi de leur utilité sociale, de tout ce qu'ils apportent à la société.

À peine installée dans mon siège, je découvre qu'en fait ce n'est pas le sujet.

Je ne suis pas invitée pour évoquer la condition des travailleurs.

Je suis invitée pour me soumettre à l'agenda politique de la chaîne ou de l'émission.

On me parle d'autre chose, on m'interroge sur autre chose, on veut m'emmener quelque part, et que je me laisse faire. Mon dernier buzz sur les réseaux. Ma réaction face au délit de telle personne (certains parlent de « racaille », ajoutant souvent « arabo-musulmane »). Et pourquoi Jean-Luc Mélenchon n'a-t-il pas donné une consigne claire pour le second tour des élections ? Et pourquoi ceci ? Et pourquoi cela ?

Si je résiste, je passe pour une emmerdeuse. On va me prêter des idées, de préférence nauséabondes, ou des intentions, forcément nuisibles. On va me casser, pour casser les valeurs que je porte et les partis politiques qui les représentent. Malheureusement, toute une partie de la presse n'est plus indépendante en France. Elle sert des intérêts particuliers, les intérêts d'ultra-riches qui les possèdent, et qui s'évertuent souvent à ne pas payer d'impôts, comme s'ils n'en avaient pas les moyens.

Il ne faudrait pas que des Rachel Keke viennent changer le système.

Laissons les ultra-riches brasser des milliards et se dorer la pilule sur des yachts défiscalisés, pendant que des citoyens lambda souffrent. Et dressons les citoyens les uns contre les autres pour faire diversion.

Dehors les étrangers !

C'est tellement plus facile de chercher des boucs émissaires chez les gueules de métèque.

Franchement, si vous saviez comme vous vous trompez d'ennemis !

Si vous saviez tout l'argent public qui vous passe sous le nez !

Non, il ne tombe pas dans la poche des miséreux qui bénéficient de l'aide médicale ou du RSA. Ils financent les niches fiscales des monarques de notre époque. Ces monarques vous coûtent plusieurs milliards chaque année.

Et on ne pourrait pas augmenter le SMIC ? Les pensions de retraite ? Les bourses scolaires ?

Non, on ne veut pas. On préfère d'assez loin supprimer l'aide médicale aux étrangers. Soit la famille H, qui a des enfants. Cette famille n'a pas de papiers. Comment va-t-elle se soigner ? Selon quelle logique on devrait ne pas soigner des gens ? Juste parce qu'ils n'ont pas de papiers ? C'est humain, ça ? Est-ce que c'est intelligent ?

Alors certains médias, aux mains de ces magnats, font le travail de lobbying plus ou moins explicitement commandé par l'actionnaire. Durant des jours et des semaines ils répètent la même rengaine, endoctrinant le spectateur qui est un électeur. Malheureusement, l'électeur finit par se convaincre que Moussa, Mohamed et l'islam sont la source de tous ses problèmes. L'électeur oublie que de grands patrons gagnent en un jour ce qu'il gagne en un an.

Et ce serait Moussa, le problème ?

Donc en effet, je ne vais pas souvent sur les plateaux télé qui servent la soupe aux puissants de ce monde, qui manipulent l'opinion, qui inventent des « sauvages » et des « civilisés ». Croyez-moi, s'il y a une ligne de fracture dans notre société, elle ne se situe pas sur ce terrain-là. Heureusement, il reste quelques médias sérieux qui sont attachés à faire un vrai travail journalistique d'information des citoyens.

Je suis active sur l'autre terrain. Si on m'invite pour débattre et comprendre ce qui se passe dans les quartiers populaires, j'y vais. Si on m'invite pour parler de et avec la jeunesse, j'y vais. Si on m'invite sur un piquet de grève, j'y vais.

Je suis très sensible à la vie des classes populaires, dans les quartiers. J'en viens, j'y ai toujours vécu, j'y vis encore. Je sais comme les services publics y sont défaillants. Je sais comme les jeunes y sont discriminés, dans l'accès tant à l'éducation qu'aux études supérieures, à l'emploi, au logement. Ces sujets doivent faire l'objet d'un grand débat public, vous ne pensez pas ? Un plan d'urgence pour les quartiers populaires, ça urge !

D'une manière générale, tant que mon expression est libre, que mes mots ne sont pas déformés, que mes intentions ne donnent pas lieu à un procès, j'y vais.

Et puis, c'est idiot à dire mais le meilleur moyen de changer la donne est de glisser son bulletin de vote dans l'urne.

A voté !

29

Allons, enfants de la République !

Les politiciens, c'est des menteurs.

Les politiciens, ils ne disent pas les choses vraies…

J'entends souvent ces mots.

Sans doute, parmi les politiques, il y a des menteurs, des mythomanes pathologiques, des bonimenteurs. Des politiques condamnés pour toutes sortes de délits reviennent aussi sur la scène des années plus tard, comme si de rien n'était. On en voit d'autres ne jamais être inquiétés de rien.

Notre bulletin de vote ne nous donne-t-il pas un pouvoir de sanction ?

Pourquoi un bandit se priverait-il de vous escroquer si, cinq ans plus tard, vous lui resignez un chèque en blanc ?

Pas facile, c'est vrai, de mesurer l'authenticité d'une parole politique. Quelles sont les motivations des gens qui se présentent à des élections ? L'ambition personnelle ou l'intérêt collectif ? On le voit à l'usage.

On ne peut juger les politiques que sur leurs actes, et sur le respect de la parole donnée, dans la limite, bien sûr, de ce qu'ils peuvent faire. Ils ne sont pas Dieu. Mais si vous lâchez l'affaire, si vous renoncez, si vous ne vous occupez pas de la politique, la politique s'occupera de vous. J'entends encore quelqu'un me dire :

– De toute façon, c'est les mêmes, ça ne va pas changer.

C'est vrai, la politique, c'est compliqué, c'est fait pour décourager les gens, pour ne pas qu'ils s'intéressent, pour ne pas qu'ils aillent voter.

Les riches, eux, ils votent, ils ne se découragent jamais, même quand ils sont très vieux et que se déplacer devient difficile.

Nous, le petit peuple, nous ne devrions jamais nous décourager.

Ainsi, je me bats contre l'extrême droite. Marine Le Pen, par exemple, qui prétend aimer le peuple alors qu'elle vote contre le SMIC.

En ce qui me concerne, je suis patiente. Changer les choses peut prendre dix ans, j'attendrai. Je sais que pour finir, je vais gagner. Pourquoi ? Parce que nous sommes des êtres humains. À un moment donné, il faut que la souffrance s'arrête. À ce jour, trois années et quelques mois de mandat me restent pour essayer de faire bouger les lignes. Mais les élus ne changeront rien sans majorité. C'est ensemble que, dans la rue, dans les grèves, on fera bouger les choses. Rien ne tombe du ciel, se battre est nécessaire, il faut lutter. La vie est combat. Heureusement, cette joyeuse bagarre crée de belles choses !

Je me suis bagarrée contre la dernière réforme de retraites. J'ai alors demandé à mes collègues d'être cheffe de file de notre groupe parlementaire La France Insoumise sur cette bataille qui allait commencer en commission et dans l'hémicycle.

Je voulais absolument porter la question de la pénibilité à l'Assemblée Nationale.

Face à un gouvernement et à ses alliés parlementaires complètement déconnectés de la réalité du monde du travail, il fallait porter la souffrance des milliers de personnes qui se lèvent tôt et se couchent tard et sans qui rien ne pourrait tourner.

J'ai interpellé le ministre, je me suis mobilisée avec les enseignants, les cheminots. Je garde aussi un souvenir ému des éboueurs de Pizzorno de Vitry, et des ouvriers de Total. Le gouvernement n'a pas le droit de mettre à genoux ceux qui tiennent la France debout. Ces mots sont très vite devenus un slogan politique.

Pour moi et mes collègues, cette bataille contre la réforme des retraites n'est pas finie.

En novembre 2023, nous avons inscrit une proposition de loi dans notre niche parlementaire qui visait à abroger la réforme infâme de la retraite à 64 ans. Malheureusement, les Macronistes ont usé de tout leur pouvoir pour écarter notre texte de loi.

Nous ne désespérons pas pour autant. Cette séquence reste ouverte et nous continuerons à nous battre pour l'abrogation de cette réforme et pour une retraite pleine à 60 ans pour toutes et tous ! L'union fait la force et la lutte paie toujours.

En même temps, depuis que je suis élue, trouver du temps pour moi-même, mes enfants et ma vie personnelle est devenu une véritable gageure. Entre les responsabilités liées à mon mandat et mes engagements publics, mes journées sont souvent bien remplies.

Le temps, c'est de l'or !

Mes deux plus jeunes enfants, Pierre-Elie et Séphora, ont respectivement dix-sept et quinze ans. Les trois aînés sont majeurs, ce qui facilite les choses. Ils gèrent leur vie de façon quasi indépendante. Il n'empêche que je ne les vois pas assez.

J'essaie de faire de mon mieux. Malgré mes contraintes professionnelles, je fais tout mon possible pour être présente auprès d'eux. Deux jours par semaine, je dors dans mon tout petit bureau près du palais Bourbon. Quand je ne suis pas à la maison, j'appelle mes enfants au téléphone, comme quand ils étaient petits et que je gardais mamie Elizabeth, ou les enfants des autres. Nous bavardons, nous parlons de tout et de rien, nous profitons de ce plaisir si simple d'être bien ensemble. C'est précieux. Mais trouver du temps pour sa famille est un défi de chaque jour.

Imaginez ce qu'un mandat politique représenterait pour un parent isolé.

Difficile pour une mère ou un père seuls de se lancer dans la vie politique. Sauf à trouver finalement un partenaire assez conciliant pour subvenir aux besoins de toute la famille. Tout cela nécessite une organisation minutieuse. Heureusement, les enfants grandissent vite ! Il y a dix ans, je n'aurais jamais pu me lancer dans le combat politique. C'est encore une arène très masculine… dommage !

I have a dream.

J'ai un rêve… qui ressemble un peu à celui de Martin Luther King.

[…] Je rêve qu'un jour sur les collines rousses de Géorgie les fils d'anciens esclaves et ceux d'anciens propriétaires d'esclaves pourront s'asseoir ensemble à la table de la fraternité. Je rêve qu'un jour même l'État du Mississippi, un État où brûlent les feux de l'injustice et de l'oppression, sera transformé en une oasis de liberté et de justice […].

Eh bien moi, je rêve qu'un jour les fils des ouvriers et ceux des propriétaires d'usine pourront s'asseoir ensemble sur les bancs de l'Assemblée nationale. Parce qu'on est encore assez loin du compte. Ajoutez-y la question du sexe et de la couleur de peau, vous verrez qu'on s'éloigne encore. Soixante ans après le discours de Martin Luther King, la couleur de peau reste un motif d'exclusion, de ségrégation sociale. Oh, vous n'êtes pas mieux loti quand vous avez la bonne tête mais que vous vivez dans le 93…

Je forme le vœu qu'un jour, disons aux prochaines élections législatives, on voie une augmentation sensible d'élus aux profils atypiques. Ils seront si nombreux qu'ils ne seront plus atypiques.

Car aujourd'hui encore, je suis une sorte d'accident. Évidemment, je ne suis pas la seule femme à l'Assemblée nationale. Et cette bonne vieille institution s'est légèrement colorée ces dernières années. Mais le bronzage est encore très discret. Également, il vaut mieux s'y exprimer *correctement* : raser les murs, parler le français de l'élite, montrer patte blanche, jouer les assimilés.

Pas question d'y débarquer avec une boule afro sur la tête.

Bon, mon accent reste assez outrageusement ivoirien. L'Assemblée nationale s'habitue. C'est vrai, je ne suis jamais encore venue en pagne intégral. Vous imaginez le tollé !

Je suis convaincue que le salut de la France est dans la pluralité de ses voix, dans une représentation plus authentique des conditions de vie de ses citoyens. Qu'ils puissent exposer en toute simplicité les difficultés qu'ils traversent.

Quel coup de frais ce serait !

Brisée, la monotonie de la bourgeoisie ronronnante qui, souvent, ne comprend pas les défis des travailleurs.

Je ne souhaite pas, au bout de mon mandat, entrer dans l'histoire comme un Monnerville : être une exception qui confirme la règle. Il est crucial d'atteindre une « masse critique », qui soit une source de renouveau, mais aussi de débats contradictoires plus nobles que ceux auxquels on assiste (le musulman, ce grand ennemi imaginaire).

Alors votez, mes amis, mais présentez-vous aussi aux élections !

Battez-vous, luttez, organisez-vous ensemble pour vos droits. Répondez aux appels syndicaux à la mobilisation et aux grèves !

Investissez-vous dans la politique. Intéressez-vous à ces sujets qui touchent votre quotidien ! Suivez les débats parlementaires sur YouTube, ou à la télévision ! Assistez aux auditions depuis votre canapé !

Travaillez votre culture politique.

Forcément, des sujets vous parleront.

N'attendez pas que quelqu'un vienne vous chercher, parce que, désolée, mais il y a peu, très peu de chance que ça arrive.

Devenez des porte-parole pour sortir de l'invisibilité.

Vraisemblablement, l'intelligence est multiforme et elle existe chez chacun.

La vie donne tous les jours des occasions de s'éduquer. À tout le monde. Nous sommes tous ici pour apprendre, nous améliorer et progresser.

Allons, enfants de la République !

Cessez de croire que l'Assemblée nationale n'est pas pour vous. L'Assemblée vous appartient. Elle est votre butin. Que vous soyez enfants de la Commune, de la colonisation ou des révolutions, que vous soyez barbu ou rasé de près, que vous portiez un voile, une perruque ou des cheveux courts, elle est à vous.

Nous sommes tous des enfants de la République.

Bienvenue chez vous.

Remerciements

La vie est faite de luttes et la lutte est une aventure collective alors…

Merci du fond du cœur à toutes les personnes qui ont été là, et elles sont nombreuses, de près ou de loin, pour moi et pour mes frères et sœurs de lutte. Merci à Jean-Luc Mélenchon, pour être le grand dirigeant que tu es, pour avoir autant de cœur que d'intelligence. Je suis fière de militer côte à côte avec toi pour transformer le monde.

Un grand merci à Tiziri pour sa disponibilité et son amitié.

Merci à vous, ma famille et amis les plus proches pour votre présence, votre soutien, le courage que vous me donnez tous les jours.

Merci à ma sœur Tatiana, mes amies Missata et Émilienne, mes neveux Abass, Eddy, Jacob et Yannick et ma nièce Priscille. Bien évidemment, mes parents, mes frères et sœurs, mes oncles et tantes, qui m'ont construite et qui ont contribué à faire de moi qui je suis.

Enfin, je remercie mon grand-père pour cette force qu'il a eue de combattre et d'avoir contribué à la libération de la France des nazis.

Merci à Dahiri John d'être arrivé au bon moment dans ma vie, pour le soutien et l'amour que tu m'apportes.

Et bien sûr, merci à mes enfants Roméo, Patrick, Marie-Christine, Pierre-Eli et Séphora. Dans ce monde si difficile, quand je vous regarde, je me sens fière. Vous me donnez la force de lutter pour qu'un jour vous et tous les jeunes ayez devant vous un avenir meilleur.

Table des matières

Composition
PRESS·PROD

Imprimé en France par
CPI Brodard & Taupin
en avril 2024

Dépôt légal : avril 2024
N° d'impression : 3056953
ISBN : 978-2-7499-5661-9
LAF : 3459